– fit in 30 Minuten

Björn Gemmer, Christiane Sauer, Dirk Konnertz

Mind Mapping

Christiane Sauer

Reden und präsentieren

Bibliographische Information Der Deutschen Bibliothek
Die Deutsche Bibliothek verzeichnet diese Publikation in der Deutschen Nationalbibliographie; detaillierte bibliographische Daten sind im Internet über http://dnb.ddb.de abrufbar.

Herausgeber: Das LernTeam, Marburg
Lektorat: Astrid Hansel, Frankfurt/Main
Layout, Illustrationen, Titel: Ulf Marckwort, Kassel
Layout, Satz: Frank Werner, Kassel
Druck: Gutmann + Co. GmbH, 74388 Talheim

Lizenzausgabe für Ernst Klett Verlag GmbH

Gabal Verlag GmbH, Schumannstr. 163, D-63069 Offenbach, Telefon 069/830066-0, Telefax 069/830066-66

Printed in Germany

ISBN 3-12-920191-2

In 30 Minuten auf die Überholspur!

Dieses Buch ist so konzipiert worden, dass du in kurzer Zeit erfährst, wie Mind Mapping funktioniert, wann du es anwenden kannst und wie du einen perfekten Vortrag hältst.

- Jedes Kapitel beginnt mit drei zentralen Fragen, die im Verlauf des jeweiligen Kapitels beantwortet werden.
- Kleine Übungen lassen dich immer wieder aktiv werden. Ihr Schwierigkeitsgrad steigt von Kapitel zu Kapitel.
- Nach jedem Kapitel werden die wichtigsten Inhalte noch einmal zusammengefasst.

Da dieses Buch so klar und deutlich strukturiert ist, kannst du es immer wieder zur Hand nehmen, um schnell die für dich interessanten Teile zu wiederholen. Das Stichwortregister wird dir dabei eine zusätzliche Hilfe sein.

Inhalt

Inhalt

Hallo und herzlich willkommen!

„Ich kann`s bis heute nicht verwinden,
deshalb erzähl ich`s auch nicht gern:
den Stein der Weisen wollt ich finden
und fand nicht mal des Pudels Kern."
Heinz Erhardt

Es gibt keinen Grund, wegen mangelnder Erfolgserlebnisse in der Schule deprimiert zu sein. Oft hilft schon eine effektivere Herangehensweise, um den Unterrichtsstoff in den Griff zu bekommen und sich so dem „Stein der Weisen" zu nähern. Wir werden dir mit diesem Buch die Technik des Mind Mappings vorstellen, die den Kern einer Sache ins Zentrum deiner Betrachtungen setzt und ihn von allen Seiten beleuchtet. Keine Angst, das klingt komplizierter als es eigentlich ist.

Mind Mapping ist eine Technik, mit der du gehirngerecht und daher erfolgreich arbeiten kannst. Besonders, wenn

- du ständig vergisst, was du mühsam gelernt hast,
- deine Mitschriften nicht selten im Chaos enden,
- dir bei Aufsätzen nichts einfällt,
- es dir schwer fällt, etwas frei vorzutragen, oder
- du Sachverhalte oft verwechselst,

dann werden dir Mind Maps dabei helfen, deine schulischen Probleme zu meistern.

Mind Maps eignen sich hervorragend, um

- Texte schnell und sicher auszuwerten,
- Protokolle anzufertigen und Notizen zu machen,
- Lernstoff zu verinnerlichen und zu wiederholen,
- kreative Aufsätze und Hausarbeiten zu schreiben,
- Referate vorzubereiten und zu präsentieren sowie
- Vorhaben, wie Feste oder Radtouren, zu planen.

Da du Mind Maps so vielseitig einsetzen kannst, helfen sie dir nicht nur in der Schule weiter. Mit Mind Mapping lernst du ein Verfahren kennen, das du auch in deiner Freizeit und in deinem späteren Berufsleben einsetzen kannst. Wann immer du kreativ sein, Informationen verarbeiten oder Projekte durchführen sollst, kannst du von Mind Mapping profitieren.

Wie Mind Maps sinnvoll erstellt werden und wann du sie effektiv einsetzen kannst, zeigen wir dir anhand zahlreicher Tipps und Beispiele in diesem Buch.

Viel Spaß und Erfolg wünschen dir

Björn Gemmer, Dirk Konnertz & Christiane Sauer

1. Was ist Mind Mapping?

Was ist das Besondere an Mind Mapping?

Warum ist Mind Mapping eine hilfreiche Arbeits- und Lerntechnik?

Wie kannst du Mind Maps erstellen?

Mind Mapping ist kein fauler Zauber, sondern eine Lern- und Arbeitstechnik, die vom englischen Pädagogen Tony Buzan aus Erkenntnissen der Hirnforschung entwickelt wurde. Sie nutzt die Vorteile von bildlichen Darstellungen, die auch bei der Bilderschrift Fernostasiens oder beim Erstellen von Stammbäumen, Diagrammen oder technischen Zeichnungen verwendet werden.

Mind Mapping hat weit zurückliegende Wurzeln und ist zugleich sehr modern, da es neueste Forschungsergebnisse berücksichtigt.

Eine Mind Map – zu deutsch: Gedächtnis-Karte – dreht sich immer um ein bestimmtes Thema, das von verschiedenen Seiten betrachtet oder in seine Bestandteile zerlegt wird.

Es gibt klare Regeln, die dir sagen, wie Mind Maps entwickelt werden. Du kannst Mind Maps aber auch ganz individuell nach deinem persönlichen Geschmack gestalten. Es gibt sogar Computerprogramme, die dich beim Mind Mapping unterstützen.

Warum Mind Mapping funktioniert

Eine zentrale Idee des Mind Mappings ist es, neben Worten auch Bilder einzusetzen, um Sachverhalte zu erklären. Du kannst auch die Mind Map selbst als Bild auffassen. Neben dem ausgeklügelten Aufbau einer Mind Map sind die Bilder das Geheimnis ihres Erfolges.

Die Wurzeln des Mind Mappings

Die Verknüpfung von Bildern und Schrift ist alles andere als neu. So sind die ersten uns bekannten Schriftzeichen, die Hieroglyphen, eigentlich nichts anderes als Bildzeichen, die anstelle von Buchstaben verwendet wurden. Sie entstanden vor etwa 5000 Jahren in Ägypten. Im Laufe der Zeit kam die reine Bilderschrift vor allem in Europa immer mehr aus der Mode und erhielt mit der Erfindung des Buchdrucks dort im 15. Jahrhundert sozusagen ihren endgültigen Todesstoß. Dennoch ist die Bilderschrift keineswegs völlig verschwunden. So ist die chinesische Schrift eine Mischung aus Bildern und Lautschrift und wird in ihrer jetzigen Form seit über 1500 Jahren verwendet.

In Europa erkannte der katalanische Philosoph Ramon Llull im 14. Jahrhundert, dass es sehr hilfreich sein kann, strukturiert angeordnete Bilder anstelle von Text einzusetzen. Man verwendet seine Technik noch heute, um Verwandtschaftsverhältnisse aufzuzeigen. Du kannst Ramon Llull somit als Erfinder des Stammbaums betrachten.

Mind Mapping und Hirnforschung

Wir Menschen haben nicht nur zwei Augen und Ohren, sondern auch zwei Gehirnhälften. Der Hirnforscher Dr. Roger Sperry kam bezüglich dieser Gehirnhälften im Jahre 1962 zu einer erstaunlichen Erkenntnis: Beide nehmen völlig unterschiedliche Aufgaben wahr.

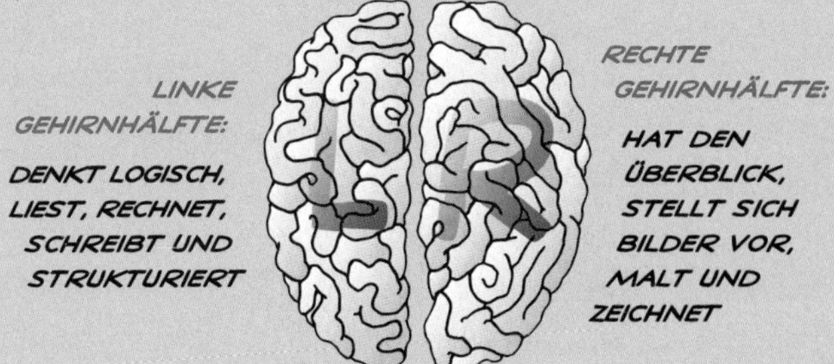

Der englische Pädagoge Tony Buzan hat mit Mind Mapping eine Lern- und Arbeitstechnik entwickelt, die diese Erkenntnisse berücksichtigt. Während du beim Mind Mapping schreibst und strukturierst, nutzt du deine linke Gehirnhälfte. Da du aber auch Symbole und Bilder verwendest und mit einer Mind Map stets das ganze Thema überblickst, nutzt du zusätzlich die rechte Hälfte. Indem du sogenannte Schlüsselwörter anstelle vieler Worte einsetzt, förderst du die Speicherung im Langzeitgedächtnis.

So wird's gemacht

Um sicherzustellen, dass du beim Mind Mapping beide Gehirnhälften sinnvoll einsetzt, solltest du die folgenden Regeln beachten. Auf der nächsten Seite findest du eine Beispiel-Mind-Map zum Thema „Mein Freund Thomas".

Papier

Nimm Papier ohne Kästchen oder Linien, um deinen Zeichenfluss nicht zu behindern. Du kannst deine Mind Maps übersichtlich gestalten, indem du große Blätter verwendest. Je nach Umfang des Themas können dies DIN A4 oder doppelt so große Zeichenblockblätter sein. Für Riesen-Mind-Maps zur Wiederholung oder Präsentation bieten sich Tapetenrollen an. Da dein Blickfeld breiter ist als hoch, solltest du beim Mind Mapping das Papier im Querformat verwenden.

Thema

Das Thema einer Mind Map stellt den Mittelpunkt deiner Überlegungen dar und wird deshalb auch in die Mitte des Blattes geschrieben. Von dort aus arbeitest du dich nach allen Seiten vor, ähnlich wie Wellenkreise auf einer Wasseroberfläche. Wenn dir für das Thema ein passendes Bild einfällt, setz es anstelle des Wortes in die Mitte deiner Mind Map. Das gibt der Mind Map eine persönliche Note und du kannst sie dadurch besser von anderen unterscheiden.

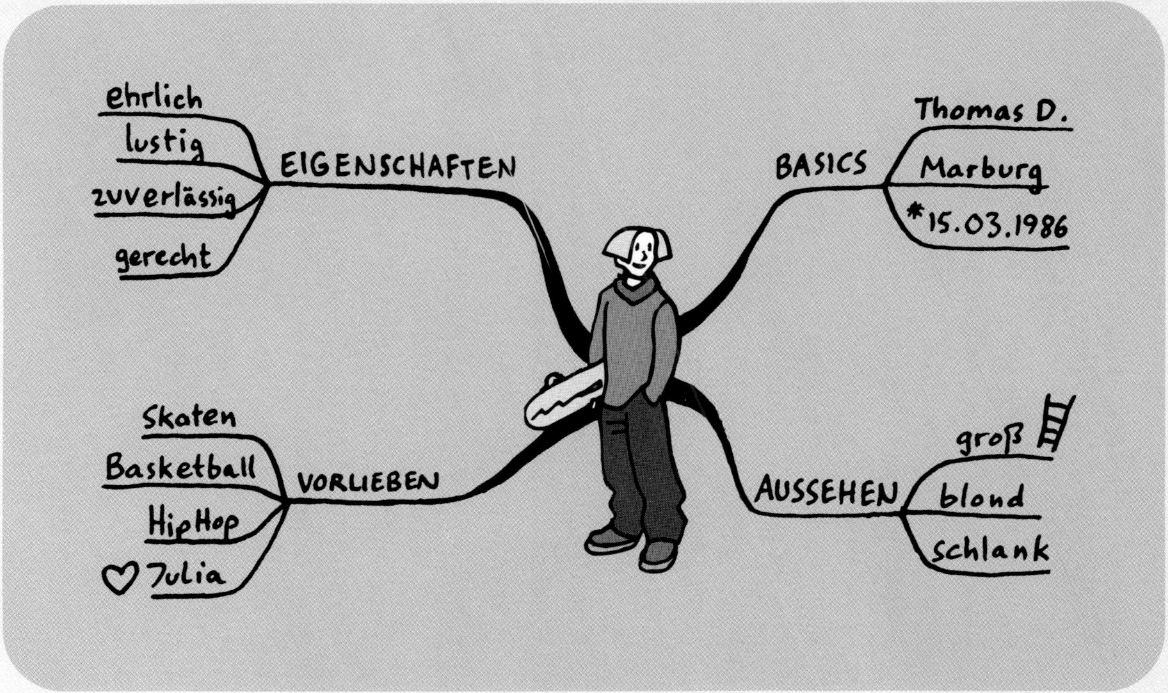
EIGENSCHAFTEN
ehrlich
lustig
zuverlässig
gerecht
BASICS
Thomas D.
Marburg
*15.03.1986
VORLIEBEN
Skaten
Basketball
HipHop
♡ Julia
AUSSEHEN
groß
blond
schlank

Äste und Zweige

Ein Hauptmerkmal der Mind Maps ist ihre besondere Struktur. Beim Mind Mapping wird das Thema von innen nach außen immer weiter aufgeschlüsselt. Es verzweigt sich dadurch wie eine Baumkrone. Beachte folgende Regeln:

- Direkt am Thema setzen die dicken Äste an, auf denen du die wichtigsten Punkte notierst.
- Die einzelnen Äste gehen in dünne Zweige über, mit denen du den jeweiligen Ast näher beschreiben kannst.
- Du solltest darauf achten, dass die Äste und Zweige ungefähr gleich lang sind wie die dazugehörigen Wörter.
- Kommt ein Begriff auf mehreren Zweigen vor, dann hat er vielleicht einen eigenen Ast verdient.
- Beschrifte stets so, dass du deine Mind Maps nicht drehen musst, um sie zu lesen. Nur so kannst du sie dir als festes Bild einprägen.
- Mit der Anordnung der Äste kannst du die Reihenfolge vorgeben, in der die Mind Map zu lesen ist. Beginne oben rechts, sozusagen bei 1 Uhr, und zeichne im Uhrzeigersinn weiter.
- Falls die Reihenfolge egal ist, du aber noch nicht weißt, wie sich deine Mind Map entwickeln wird, leg die Äste so an, als würdest du eine Torte schneiden.

Schlüsselwörter

Beim Mind Mapping solltest du pro Ast oder Zweig möglichst nur *ein* Wort verwenden, das den jeweiligen Aspekt kurz und knackig beschreibt. Man nennt solche Wörter „Schlüsselwörter". Sie lösen in deinem Gehirn einen Domino-Effekt aus, wie bei einem Schauspieler, der bei Textschwierigkeiten meist nur ein Stichwort braucht, um weiter zu wissen. Schlüsselwörter wecken Assoziationen in deinem Kopf und vermitteln so in kürzester Zeit sehr viele Informationen. Auf dem Stopp-Schild ist das Schlüsselwort „Stop" zu lesen. Es sagt dir sofort, was zu tun ist. Man braucht das Schild nicht mit ganzen Sätzen beschriften wie: „Bitte bremsen Sie, sodass Sie an der weißen Linie zum Stehen kommen und blicken Sie anschließend nach links und rechts, um den vorfahrtberechtigten Verkehr beobachten zu können. Wenn sich kein Fahrzeug nähert, dürfen Sie weiter fahren, wenn doch, warten Sie!" Dank der Schlüsselwörter gibt es also weniger Chaos – sowohl auf der Straße als auch in deinem Kopf!

Schrift

Beschrifte Äste und Zweige in Druckschrift! Dicke Äste sollten mit fetten Großbuchstaben beschriftet werden, dünne Zweige entsprechend mit feinen Linien und in normaler Schreibweise. Es ist außerdem sinnvoll, für die Äste eine größere Schrift zu wählen als für die Zweige.

Farben

Hast du dich jemals gefragt, warum Post-its gelb sind? Genau: damit sie auffallen! Gelb ist die Farbe, die dir als erste ins Auge sticht.

- Was in deiner Mind Map zuerst auffallen soll, solltest du also gelb zeichnen.
- Stellen, die besonders wichtig sind oder an denen mögliche Fehler lauern, solltest du rot markieren.
- Farben können sich auch auf den Inhalt deiner Mind Map beziehen. In einer Mind Map über Wirbeltiere wie auf Seite 59 könntest du den Ast mit den Reptilien grün zeichnen, den mit den Meeressäugern blau.

Alles in allem helfen dir Farben, deine Mind Map zu gliedern, sie übersichtlicher zu gestalten und dich besser an sie zu erinnern.

Bilder und Symbole

Um deine rechte Gehirnhälfte noch stärker einzubeziehen, solltest du möglichst viele Bilder in deine Mind Maps einbauen. Sie wecken Assoziationen, helfen dir, Mind Maps voneinander zu unterscheiden und unterstützen dein Gedächtnis. Häufig vorkommende Schlüsselwörter kannst du durch Symbole ersetzen, z. B. ein Handy für „anrufen" in einer Planungs-Mind-Map.

Baum, Fischgräte oder Blase?

Mind Maps müssen keineswegs immer so aussehen wie das Beispiel von Seite 15. Anstelle von Ästen und Zweigen kannst du auch Fischgräten zeichnen:

Bei der Blasentechnik werden die Schlüsselwörter mit Blasen eingekreist, wie auf Seite 57. Solche Mind Maps lassen sich zwar oft nicht so gut gliedern, dafür aber schneller und einfacher zeichnen als solche mit Ästen und Zweigen. Welche Form des Mind Mapping du wählst, bleibt dir überlassen. Wichtig ist, dass dir deine Mind Maps gefallen. Wenn sie dich ansprechen, kannst du sie dir auch merken.

Das Clustering

Die amerikanische Lehrerin Gabriele L. Rico hat eine Lern- und Arbeitstechnik entwickelt, die dem Mind Mapping von Tony Buzan sehr ähnlich ist. Auch hier steht das Thema im Zentrum und wird nach allen Seiten hin aufgeschlüsselt. Allerdings gibt es keine bestimmte Struktur. Beim Clustering schreibst du die Schlüsselwörter um das Thema herum, kringelst sie ein und verbindest sie schließlich durch Linien, und zwar in der Reihenfolge, in der sie dir eingefallen sind. Da keine geistige Energie benötigt wird, um zu gliedern und zu strukturieren, und da überwiegend die rechte Gehirnhälfte beansprucht wird, eignet sich das Clustering als kreative Technik, um Ideen zu entwickeln. Aus dem Cluster kannst du dann eine Mind Map entwickeln.

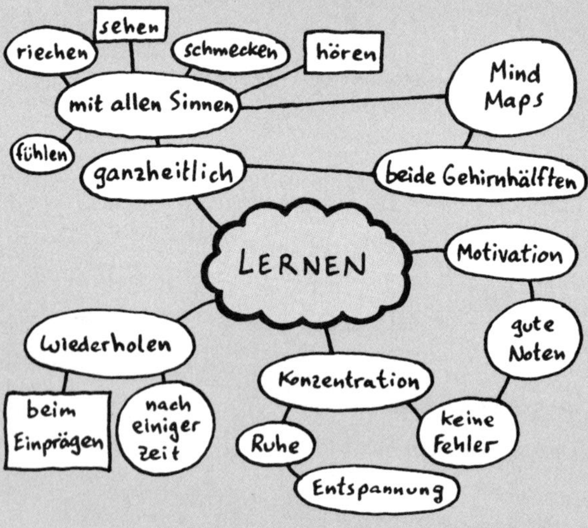

Mind Mapping mit dem PC

Wenn du Schwierigkeiten hast, ansprechende Mind Maps per Hand zu erstellen, oder das Mind Mapping bei Präsentationen nutzen willst, kannst du Computerprogramme zu Hilfe nehmen. Diese Programme berücksichtigen die wesentlichen Regeln, können Ast für Ast abgerufen werden und

verfügen über eine große Anzahl von Bildern und Symbolen, die du selbst leicht erweitern kannst.
Wir empfehlen dir die Programme der Firma Mindjet (www.mindjet.de). Für Anfänger bietet sich das preiswerte und leicht überschaubare „eMindMaps“ an, Profis können sich an den „MindManager“ wagen.

Übung

Du hast nun die wichtigsten Regeln und verschiedene Darstellungsformen des Mind Mappings kennengelernt. Jetzt bist du dran: Erstell eine Mind Map zum Thema „Mein bester Freund“ oder “meine beste Freundin“. Du kannst die Beispiel-Map von Seite 15 als Vorlage verwenden.

Zusammenfassung

- **Erkenntnisse der Hirnforschung erklären, warum Mind Mapping eine hilfreiche Arbeits- und Lerntechnik ist.**
- **Beim Erstellen von Mind Maps solltest du Blanko-Papier im Querformat benutzen, das Thema als Mittelpunkt wählen, durch Äste und Zweige eine klare Struktur schaffen sowie Schlüsselwörter, Farben und Bilder einsetzen.**
- **Auch mit deinem PC und speziellen Programmen kannst du Mind Maps erstellen.**

2. Infos rein in den Kopf

Welche Möglichkeiten gibt es, um einen Text sinnvoll auszuwerten?

Wie kannst du dir deinen Lernstoff leichter und länger merken?

Wie erstellt man einfach und effizient ein Ergebnisprotokoll?

„Um sich begreiflich zu machen, muss man zum Auge reden." Johann Gottfried von Herder

Dass in Herders Zitat sehr viel Wahres steckt, kannst du dir leicht überlegen. Oder hättest du die Regeln des Mind Mapping verinnerlicht, wenn wir dir nicht das Beispiel von Seite 15 vorgegeben hätten? Wie viel ist wohl eine Bedienungsanleitung für eine HiFi-Anlage wert, die keine Abbildungen enthält?
Denk mal darüber nach und überleg, in welchen Situationen dir eine Sache erst dann wirklich verständlich wurde, als du ein Schaubild oder eine Skizze dazu angefertigt hast.

Wahrscheinlich hast du sehr viele solcher Situationen erlebt, denn Lernen beginnt mit Verstehen und du verstehst erst dann, wenn du dir etwas „vor Augen führst".
Mind Mapping hat genau diesen Aspekt des Lernens zum Ziel. Durch Mind Mapping führst du dir den Lernstoff vor Augen – du visualisierst ihn. Du beschäftigst dich mit dem Lernstoff und arbeitest ihn gehirngerecht auf. Die fertig erstellte Mind Map spricht dann beide Gehirnhälften an und lässt sich dadurch leichter einprägen.

Texte sicher auswerten

Was im Laufe deiner Schulzeit immer mehr an Bedeutung gewinnt, ist das Auswerten von Texten. In fast allen Fächern musst du Texte schnell verstehen und ihre wesentlichen Aussagen sicher behalten können. Wie du mit Mind Mapping Texte, Artikel oder ganze Bücher auswerten kannst, erklären wir dir mit dem folgenden 6-Punkte-Programm:

1. Vorschau

Zuerst solltest du den Text überfliegen, d.h. konkret:

- Lies, falls vorhanden, die Zusammenfassung!
- Betrachte Überschriften sowie fett gedruckte und unterstrichene Wörter.
- Schau dir, sofern vorhanden, die Abbildungen und deren Beschreibungen an.

2. Fragen

Du hast nun einen groben Überblick über das Thema des Textes gewonnen. Frag dich, was die zentralen Aussagen sind und welche Absicht der Autor mit diesem Text verfolgt.

3. Lesen

Lies den Text sorgfältig und versuch dabei, die Fragen, die du im zweiten Schritt gestellt hast, zu beantworten. Denk über das Gelesene nach und überleg, was du zu diesem Thema schon weißt.

4. Markieren

Nachdem du den Text gelesen hast, markier oder unterstreich die Schlüsselwörter im Text. Achte darauf, nie mehr als 10 Prozent des Textes zu unterstreichen.

5. Mind Mapping

Endlich ist es soweit! Verwende die von dir gefundenen Schlüsselwörter, um damit eine Mind Map zu erstellen. Dazu musst du wichtige Schlüsselwörter auf Hauptäste schreiben und dazugehörige Unterpunkte als Zweige anfügen. Diese Struktur gibt der Autor oft vor, denn bei klar gegliederten Texten können die Überschriften als Schlüsselwörter für die Äste verwendet werden. Mögliche Schlüsselwörter für die Zweige sind im Text häufig unterstrichen oder kursiv geschrieben.

6. Kritik und Test

Zum Schluss betrachte deine Mind Map kritisch und „fotografier" sie dabei in dein Gedächtnis. Nach eventuellen Verbesserungen oder Ergänzungen solltest du deinen Lernerfolg testen, indem du deine Mind Map ein zweites Mal aus der Erinnerung aufzeichnest.

Probier's aus!

Werte den Text der folgenden drei Seiten aus. Auf Seite 29 ist dafür bereits eine Mind Map vorbereitet.

Schule und Internet

Das Internet entwickelt sich zielstrebig zum wichtigsten Medium unseres modernen Kommunikationszeitalters. In fast allen Bereichen des täglichen Lebens hält es Einzug. Mittlerweile regeln wir Bankgeschäfte online, nutzen Kleinanzeigen und Jobbörsen im Internet, schreiben E-Mails, gewinnen Informationen über unsere Hobbies und suchen Urlaubsorte online aus. Da liegt die Vermutung nahe, dass das World Wide Web auch für die Schule sinnvoll genutzt werden kann.

Als **Netzwerk** unzähliger Datenquellen bietet das Internet große Vorteile gegenüber herkömmlichen Informationsquellen. Es ist äußerst *vielfältig* und *umfangreich*. Was immer man gerade wissen will, es lohnt sich in den meisten Fällen, die Antwort im Netz zu suchen. Darüber hinaus stehen die gewünschten Informationen sehr *schnell* zur Verfügung. Zumindest würde der Besuch einer Bibliothek mehr Zeit in Anspruch nehmen. Außerdem ist das Beschaffen von Informationen durch das Internet äußerst *bequem*, denn an die Stelle des Ausleihens, Abschreibens oder Kopierens tritt ein einziger Maus-Klick zum „Downloaden" oder „Ausdrucken". Doch es gibt auch Nachteile. Der Zugang zum Internet muss zunächst eingerichtet werden und es fallen bei langzeitiger Nutzung recht hohe *Telefongebühren* an – derzeit ca. 1 Cent pro Minute. Die eben noch angepriesene große *Auswahl* an Datenquellen kann gleichermaßen zur Last werden. Ohne den richtigen Umgang mit Suchmaschinen fühlt man sich schnell wie bei der sprichwörtlichen Suche nach der Nadel im Heuhaufen.

Dennoch – als **Informationsquelle** ist das Internet unübertroffen und schreit förmlich nach einem Platz in der Schule, wo Informationen ausgetauscht und Wissen vermittelt wird. Insbesondere im Hinblick auf Referate lohnt es, das World Wide Web in die Vorbereitungen einzubeziehen. Man kann sich im Netz sowohl einen allgemeinen *Überblick* über ein Thema verschaffen als auch *Spezialwissen* dazu in Erfahrung bringen. Neben Referaten kann das Internet auch bei Hausaufgaben eine Hilfe darstellen. Via E-Mail ist ein *Ergebnisvergleich* möglich und in eigens dafür eingerichteten chatrooms kann man um Hilfe bitten, wenn man selbst nicht weiter weiß. Das ist vielleicht nicht im Sinne des Lehrers, aber immer noch besser, als sich gar nicht mit der Hausaufgabe zu beschäftigen. Bekannte Seiten, die Wissen für Referate und Hausaufgaben bereitstellen sind:

- *www.fundus.org,*
- *www.referate.net,*
- *www.hausaufgaben.de* oder
- *www.spickzettel.de.*

Eine weitere Schnittstelle von Schule und Internet stellen die **Lieblingsfächer** der Schüler dar. Das Internet bietet die Möglichkeit, sich über den Unterricht hinaus mit seinem Lieblingsfach oder Leistungskursfach zu beschäftigen. Dazu gehört z.B., Neuigkeiten in Erfahrung zu bringen. Gerade in Fächern wie Biologie oder Physik, in denen ständig neue Entdeckungen gemacht werden, lohnt es sich, Hochschulseiten zu besuchen, die ihre Forschungsergebnisse allgemein verständlich darstellen. Im Internet erfahren Schüler außerdem von Workshops, die von Universitäten oder der Industrie angeboten werden, um Nachwuchs zu werben. Außerdem finden online zahlreiche Wettbewerbe statt, in denen Wissen zu einem bestimmten Fach abgefragt wird oder Knobelaufgaben zu lösen sind.

Dazu kommt, dass das Internet auch **außerschulisch** Bildung und Wissensvermittlung unterstützen kann. So wird die Planung einer Exkursion durch das Netz sehr vereinfacht. Klassen können ihre Ausflüge selbst organisieren. Dazu gehört, Ausflugsziele online zu betrachten und Termine und Orte von Ausstellungen per Maus-Klick abzufragen. Spielpläne von Theatern in Schulnähe sind im Netz zu finden, genauso wie Öffnungszeiten von technischen Museen oder Kunsthallen.

Zum Schluss bleibt anzumerken, dass die zahlreichen Verbindungen von Schule und Internet nur angedeutet werden konnten. Wer weitere Anwendungsmöglichkeiten sucht und mehr über den **Umgang** mit dem Internet erfahren möchte, der kann auf Ferienkursen von „Das LernTeam" (www.lernteam.de) oder in dem Buch „Internet – fit in 30 Minuten" Antworten finden.

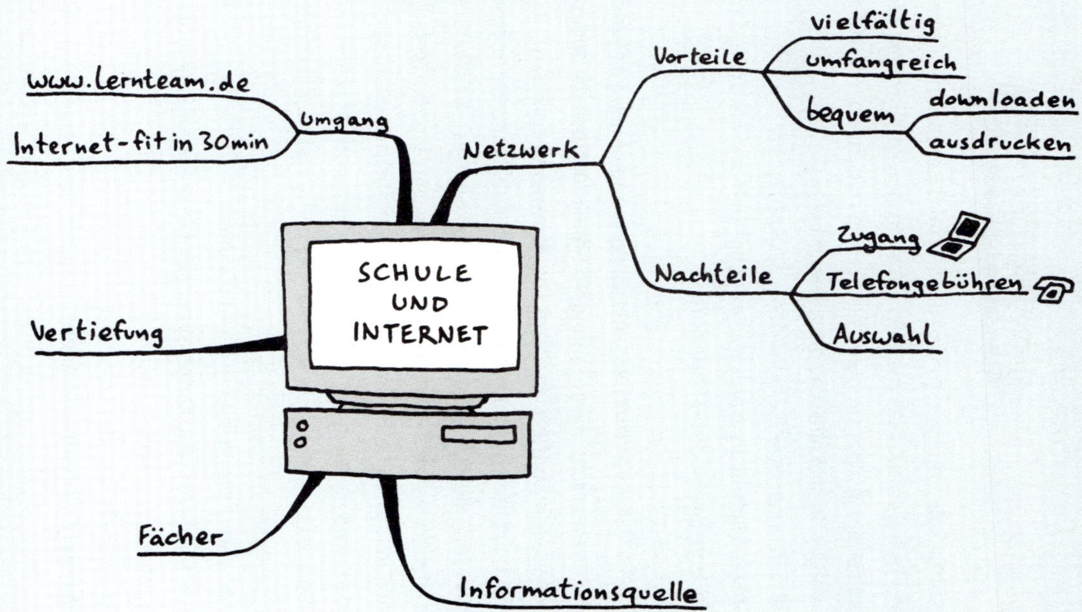
SCHULE UND INTERNET
Umgang
www.lernteam.de
Internet-fit in 30min
Netzwerk
Vorteile
vielfältig
umfangreich
bequem
downloaden
ausdrucken
Nachteile
Zugang
Telefongebühren
Auswahl
Vertiefung
Fächer
Informationsquelle

Im Unterricht

mitschreiben

Selten wird nur genau das an die Tafel geschrieben, was du notieren und dir merken sollst. In der Regel musst du selbst das Wichtigste herausfiltern und mitschreiben. Häufig werden Protokolle von dir verlangt bei:

- Sitzungen der SV oder der Schulkonferenz,
- Versuchen in naturwissenschaftlichen Fächern oder
- Vorträgen oder Diskussionen.

Dabei sollte ein Protokoll stets knapp und genau sein und nur wesentliche Informationen beinhalten. Doch oft enden solche Mitschriften im Chaos, da das Thema unklar ist, du beim Schreiben nicht mitkommst oder Punkte angesprochen werden, die du selbst längst abgehakt hattest. Besonders schwierig wird es dann beim Erstellen von *Ergebnisprotokollen*, die sich von *Verlaufsprotokollen* dadurch unterscheiden, dass sie nach den wesentlichen Ergebnissen und nicht nach dem tatsächlichen zeitlichen Verlauf gegliedert sind.

Mit Mind Mapping wird's einfacher

Mit Mind Mapping kannst du auf einfache Art gute Ergebnisprotokolle erstellen, denn:

- Du behältst den Überblick.
- Das Thema in der Mitte gewährleistet, dass du dicht dran bleibst und dich nicht in Einzelheiten verlierst.

- Einen Gedankensprung des Redners kannst du leicht durch den „Sprung“ auf einen anderen Hauptast deiner Mind Map berücksichtigen.
- Du kannst deine Mind Map leicht ergänzen. „An einen runden Tisch passt immer noch ein Stuhl“ – und in eine Mind Map immer noch ein Ast.
- Verbindungen und Folgerungen kannst du durch Pfeile zwischen den jeweiligen Ästen aufzeigen.

Tipps und Tricks

Du kannst das Protokollieren durch Mind Mapping weiter vereinfachen, wenn du folgende Tipps beachtest:

- Bitte den Redner, zu Beginn einen Überblick über die wichtigsten Punkte seines Vortrages zu geben. Mach diese Punkte zu Hauptästen deiner Mind Map.
- Schreib nicht gleich alles auf! Hör zunächst zu, bis du ein Schlüsselwort für das Gesagte gefunden hast.

Wenn es zu schnell geht…

solltest du folgendes beachten, um nichts zu verpassen:

- Kümmere dich *später* um Farben und Symbole!
- Verwende Abkürzungen für die Schlüsselwörter!
- Arbeite zunächst unsauber oder ähnlich wie beim Clustering und erstell nachher eine ordentliche Mind Map!

Ein Beispiel für ein Ergebnisprotokoll in Form einer Mind Map findest du auf der folgenden Seite.

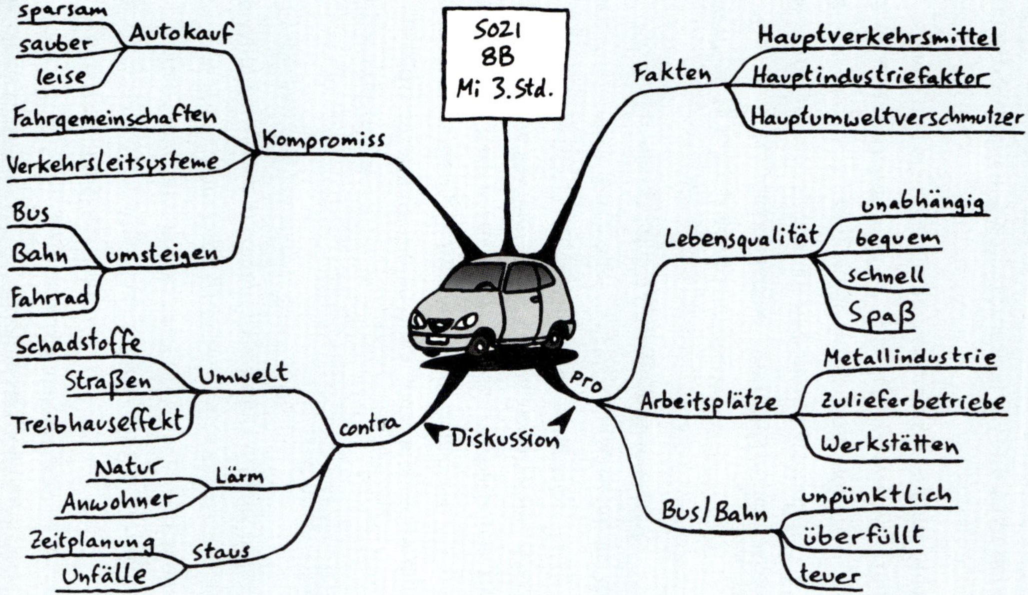
SOZI
8B
Mi 3. Std.
Kompromiss
Autokauf
sparsam
sauber
leise
Fahrgemeinschaften
Verkehrsleitsysteme
umsteigen
Bus
Bahn
Fahrrad
contra
Umwelt
Schadstoffe
Straßen
Treibhauseffekt
Lärm
Natur
Anwohner
Staus
Zeitplanung
Unfälle
Diskussion
Fakten
Hauptverkehrsmittel
Hauptindustriefaktor
Hauptumweltverschmutzer
Pro
Lebensqualität
unabhängig
bequem
schnell
Spaß
Arbeitsplätze
Metallindustrie
Zulieferbetriebe
Werkstätten
Bus/Bahn
unpünktlich
überfüllt
teuer

Prüfungen vorbereiten

Es steht eine Prüfung an und du hast keine Idee, wie du die Unmengen an Lernstoff in deinen Kopf bekommen sollst? Mind Mapping nimmt dir diese letzte Phase der Prüfungsvorbereitung zwar nicht ab, aber es gestaltet sie einfacher und effizienter:

1. Verschaff dir einen Überblick!

Prüf zunächst, welche Unterrichtsinhalte für die Prüfung relevant sind. Bastle daraus eine Riesen-Mind-Map, deren Äste die wichtigsten Themen wiedergeben und auf deren Zweigen die wichtigsten Begriffe zu den einzelnen Themen zu finden sind. „Fotografier" diese Riesen-Mind-Map in dein Gedächtnis! Du gewinnst so einen Überblick über das, was du wissen musst. Dieser Überblick ist aus drei Gründen besonders wichtig:

- Du kannst dein weiteres Vorgehen besser planen.
- Du entdeckst evtl. Verbindungen zwischen den Themen.
- Der Überblick hilft dir, bei der Prüfung Antworten oder Lösungsstrategien schneller zu finden, denn jede Frage oder Aufgabe muss etwas mit einem deiner Mind-Map-Äste zu tun haben! Auf der folgenden Seite findest du eine solche Riesen-Mind-Map zum Thema „Ebene Geometrie".

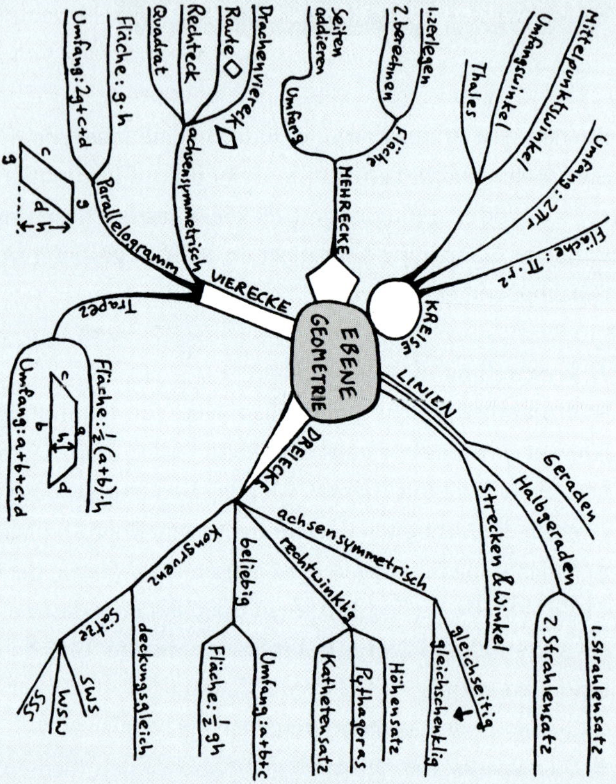

2. Erarbeite die Einzelheiten!

Füll dein Überblickswissen mit Inhalt, indem du für jeden Hauptast deiner Riesen-Mind-Map eine eigene Mind Map erstellst. Diese sollte dann mehr Einzelheiten enthalten als die Zweige deiner Riesen-Mind-Map. Bezogen auf das Beispiel von Seite 30 könnte das bedeuten, dass du nicht nur „Pythagoras“ als Schlüsselwort lieferst, sondern dessen Satz formulierst und Übungen dazu rechnest. Die Mind Maps, die du in diesem zweiten Schritt erstellst, sind sehr wichtig. Präg sie dir genau ein und sprich dir ihren Inhalt aus dem Gedächtnis vor.

3. Erstell eine Spickzettel-Map!

Was einfach nicht in deinen Kopf will, solltest du zum Schluss in Form einer Spickzettel-Map aufschreiben, die du dir kurz vor (nicht während!!!) der Prüfung noch einmal anschauen kannst.

Zusammenfassung

Mind Mapping hilft dir dabei, Lernstoff schnell und effizient zu erarbeiten und langfristig zu behalten. Mit Mind Mapping kannst du Texte auswerten, Protokolle erstellen und letzte Prüfungsvorbereitungen treffen.

- **Bei der Textauswertung solltest du schrittweise vorgehen: einen Überblick gewinnen, nach der Idee des Autors fragen, lesen, Schlüsselwörter markieren, eine Mind Map erstellen und diese auswendig wiedergeben.**

- **Mind Mapping ist schnell und flexibel und eignet sich daher zum Anfertigen von Ergebnisprotokollen.**
- **Mit Riesen-Mind-Maps *und* Mind Maps zu Teilaspekten lernst du sinnvoll für Prüfungen.**

3. Wissen aktivieren und besser nutzen

Wie lenkst du deine Gedanken bei Aufsätzen und Referaten in die richtige Richtung?

Wie kann man Mind Maps zur Planung von Ausflügen u.ä. nutzen?

Wie präsentierst du die Ergebnisse deiner Arbeit am besten?

„Der Anfang ist die Hälfte des Ganzen."
Aristoteles

Mind Mapping ist nicht allein eine Technik, mit der du durch Strukturen und Bilder den Lernstoff leichter verarbeiten und behalten kannst, wie es im letzten Kapitel beschrieben wurde, sondern in erster Linie auch eine hilfreiche Arbeitstechnik, wenn Kreativität gefragt ist, z. B. wenn du

- Aufsätze, Referate oder Briefe schreiben möchtest,
- die zündende Idee für eine Aufgabe brauchst oder
- Projekte planen willst, bei denen du vieles berücksichtigen musst,

dann ist Mind Mapping ein möglicher Anfang (und damit, nach Aristoteles, schon die halbe Miete).

Das liegt daran, dass Mind Mapping bewusst deine rechte Gehirnhälfte anspricht, in der Assoziationen geweckt werden und kreative Einfälle entstehen. Außerdem helfen dir die Struktur und die überschaubare Form der Mind Maps, den Überblick zu behalten und alle Aspekte eines anstehenden Vorhabens zu berücksichtigen.

In diesem Kapitel erfährst du nun, wie du Mind Maps einsetzen kannst, um diese Vorteile zu nutzen.

aktivieren

Erlebnisbericht, Schilderung, Referate, Hausarbeiten … Es ist immer wieder erschreckend, wie lange man vor einem weißen Blatt Papier sitzen kann! Der Anfang ist einfach das Schwierigste. Und selbst wenn man mühsam einige Stichpunkte zusammengetragen hat, scheint der Weg zu gut formulierten Sätzen, die fließend ineinander übergehen und den roten Faden stets erkennen lassen, noch unendlich lang. Mind Mapping verkürzt diesen Weg, indem es an den entscheidenden Stellen deine Gedanken in die richtige Richtung lenkt. Betrachte der Reihe nach die folgenden Wegweiser!

1. Brainstorming

Zu Beginn solltest du dir etwa 15 Minuten Zeit nehmen, um all das aufzuschreiben, was dir zum gegebenen Thema einfällt. Man nennt dieses Ideensammeln „Brainstorming“. Bei Prüfungen ist es eventuell sinnvoll, dafür weniger Zeit vorzusehen. Beachte aber stets folgende Regeln:

- Verwende für die ersten Notizen das Clustering (Seite 19). Dabei können deine Gedanken freier fließen, weil du deine Ideen kaum gliedern musst.
- Schreib *alles* auf, was dir in den Sinn kommt – und wenn es noch so verrückt klingt, denn die verrücktesten Ideen sind oft die besten.

- Wenn du einen völlig neuen Einfall hast, leg dafür einen neuen „Ast“ in deinem Cluster an.
- Verwende Bilder und Symbole! Das spricht deine rechte Gehirnhälfte an und weckt neue Assoziationen.

Tipp

Versuch's mal zusammen mit Freunden! Vier oder sechs Personen fällt immer mehr ein als einer einzelnen. Außerdem wecken die Ideen der anderen neue Einfälle bei dir. Als Mind-Mapping-Experte könntest du alles, was gesagt wird, zu Papier bringen.

2. Strukturiere

Wenn du keine neuen Einfälle mehr hast, kannst du dein Cluster in eine Mind Map umwandeln. Dabei solltest du:

- eine sinnvolle Gliederung der Mind Map finden,
- Begriffe aus dem Cluster in Schlüsselwörter umformulieren und nach dem Übertragen im Cluster streichen,
- mit Farben, Bildern und Symbolen arbeiten,
- eventuell Ergänzungen vornehmen,
- Unsinniges und Überflüssiges streichen sowie
- Verbindungen und mögliche Überleitungen durch Pfeile markieren.

3. Schmück aus

Nun kannst du nähere Informationen zu den Schlüsselwörtern finden, indem du das Internet oder das Verfahren zur Textauswertung aus Kapitel 2 benutzt. Oft ist es wichtig, gute Formulierungen zu finden. Auch dabei hilft dir das Clustering. Angenommen, du möchtest etwas über die Begegnung mit einem alten Mann schreiben. Dein erster Versuch sieht dann vielleicht so aus:

„Vor mir stand ein Mann, dem man sein hohes Alter ansah. Ich glaubte, er hätte etwas zu verbergen!"

Du kannst aber auch schreiben:

„Ich begegnete einem alten Mann, den die Jahre gekrümmt hatten wie Äste im Wind. Er trug seine Wahrheit stolz und tief in sich, unberührt von seinen alternden Gliedern und seinem gekrümmten Rücken."

Hier lieferte das Cluster die entscheidenden Assoziationen für die zweite Formulierung:

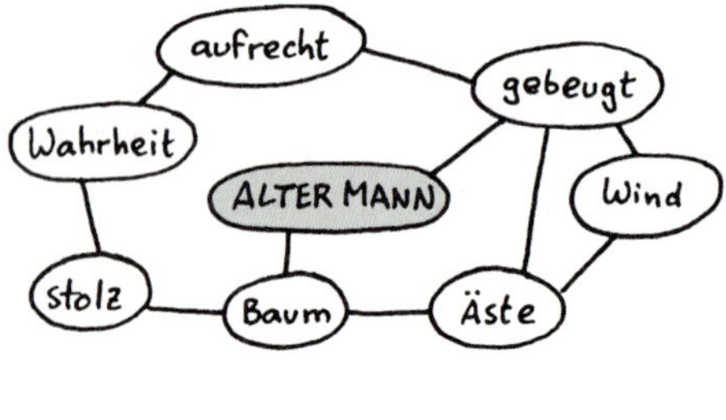

Übung

Probier's aus! Erstelle als Assoziationsübung ein Cluster zu „grün" oder „kalt"! Nimm dir dazu eine Minute Zeit.

Gekonnt präsentieren

Referate haben den unangenehmen Nebeneffekt, dass du sie nicht nur erstellen, sondern auch halten – also deine Ergebnisse präsentieren musst! Für eine gelungene Präsentation sind verschiedene Dinge zu berücksichtigen. Wir wollen uns hier auf die Fragen beschränken, bei denen dir Mind Mapping zu einem guten Vortrag verhelfen kann.

Vorbereitungen treffen

Wenn du dein Referat vollständig erarbeitet hast, solltest du das Wichtigste auf einer großen Mind Map zusammentragen. Zu viel für eine Mind Map? – Dann erstell eine Mind Map für den Überblick und für jeden Ast eine weitere. Präg dir diese Mind Map(s) ein und trag sie anschließend aus dem Gedächtnis laut vor. Dabei solltest du dich natürlich nicht darauf beschränken, die Schlüsselwörter aufzuzählen. Du musst Sätze formulieren, Überleitungen finden und Zusammenhänge aufzeigen.

Die Mind Map als Redemanuskript

Die Vorbereitung mit Mind Mapping gewährleistet, dass du deinen Vortrag frei halten kannst, ohne ablesen zu müssen. So kannst du auch besser den Blickkontakt zu deinen Zuhörern halten. Auch über den Inhalt deines Referats behältst du stets den Überblick. Bei Fragen der Zuhörer musst du nicht in deinen Unterlagen blättern, sondern kannst einfach in Gedanken zu einem anderen Zweig wechseln. Du verlierst dadurch nicht den roten Faden und hast die Möglichkeit zu entscheiden, ob du bei diesem Ast weiter machen oder lieber wieder zurückspringen willst.

Die Mind Map als Visualisierungshilfe

Bei einem Vortrag ist es wichtig, die eigenen Ideen in Form von Stichworten oder Bildern für die Zuhörer sichtbar zu machen. (Du erinnerst dich?! „Um sich begreiflich zu machen, muss man zum Auge reden.") Auch dazu bietet das Mind Mapping zahlreiche Möglichkeiten.

- Du kannst eine zusammenfassende Mind Map als Kopie an die Zuhörer verteilen.
- Du kannst parallel zu deinem Vortrag eine Mind Map mit bunter Kreide an die Tafel malen oder mit bunten Stiften ein Plakat erstellen, z. B. auf einem Stück Tapete. So können die Zuhörer deine Gedanken besser nachvollziehen, da Wort und Bild gleichzeitig entstehen. Falls noch Anregungen aus dem Publikum kommen, kannst du diese in der Mind Map ergänzen. Die Mind Map auf dem Plakat kannst du zu Hause mit Bleistift vorskizzieren. So hast du eine zusätzliche Gedächtnisstütze.
- Computerprogramme wie „eMindMap" bieten die Möglichkeit, farbige Mind Maps mit Bildern und Symbolen zu erstellen. Du kannst sie dann Ast für Ast auf verschiedene Folien drucken und diese auf dem Overhead-Projektor nach und nach übereinanderlegen.

Mit Mind Maps planen

Kennst du Situationen, in denen nichts läuft, wie es geplant war? Radtouren, die überall hinführen – nur nicht ans Ziel, oder Ausflüge, bei denen Sehenswürdigkeiten wegen Umbauarbeiten nicht besichtigt werden können? Bei schlechter Planung können solche Vorhaben schnell zur frustrierenden Stress-Veranstaltung werden. Auch in der Schule sind deine Fähigkeiten als Profi-Planer gefragt. Zum einen musst du deine Zeit planen, z.B. wenn du dich auf Prüfungen vorbereitest, zum anderen kommen in der Schule immer häufiger neue Unterrichtsformen wie Wochenplanarbeit, Projektunterricht oder Projektwochen zum Einsatz. Wie du die Ergebnisse deiner (Projekt-)Arbeit mit Mind Mapping präsentieren kannst, weißt du bereits. Jetzt möchten wir dir zeigen, wie du die Planung und die Durchführung durch Mind Maps vereinfachen kannst. Auf Seite 45 findest du eine Beispiel-Mind-Map zur Planung einer Exkursion, bei der die Wasserqualität eines Flusses getestet werden soll.

Warum mit Mind Mapping?

- Mind Maps sind übersichtlich strukturiert. Du siehst sofort, welche Aufgabe als nächste ansteht.
- Du hast alles im Blick und vergisst dadurch nichts.
- Mind Maps sind flexibel. Falls sich im Laufe der Planung ein neuer Aspekt ergibt, kannst du ihn leicht durch einen Ast an der richtigen Stelle ergänzen.

Projekte verwirklichen

Die Arbeit an Projekten kannst du in vier Phasen einteilen. Mind Mapping hilft dir, diese Phasen optimal zu gestalten, egal ob du allein arbeitest oder in der Gruppe.

Phase 1: Zielsetzung

In dieser Phase einigt ihr euch gemeinsam auf das genaue Ziel des Projektes. Trag dazu die Ideen und Interessen aller Beteiligten in einer großen Mind Map zusammen und berate mit den anderen, was davon sinnvoll, interessant und durchführbar ist.

Phase 2: Planung

Erstell eine weitere Mind Map, die aufschlüsselt, wer was wann zu tun hat, welche Ausrüstung besorgt werden muss, welche Experten in das Projekt einbezogen werden sollen und wo Informationen gesammelt werden können.

Phase 3: Ausführung

Die Planungs-Mind-Map sollte in dieser Phase für alle zugänglich sein. Was erledigt ist, wird abgehakt.

Phase 4: Beurteilung

Am Ende steht die Kritik. Betrachtet zusammen das Ergebnis eurer Arbeit. Erfüllt es die Anforderungen der Mind Map aus Phase 1? Wurde die Planungs-Mind-Map vollständig umgesetzt?

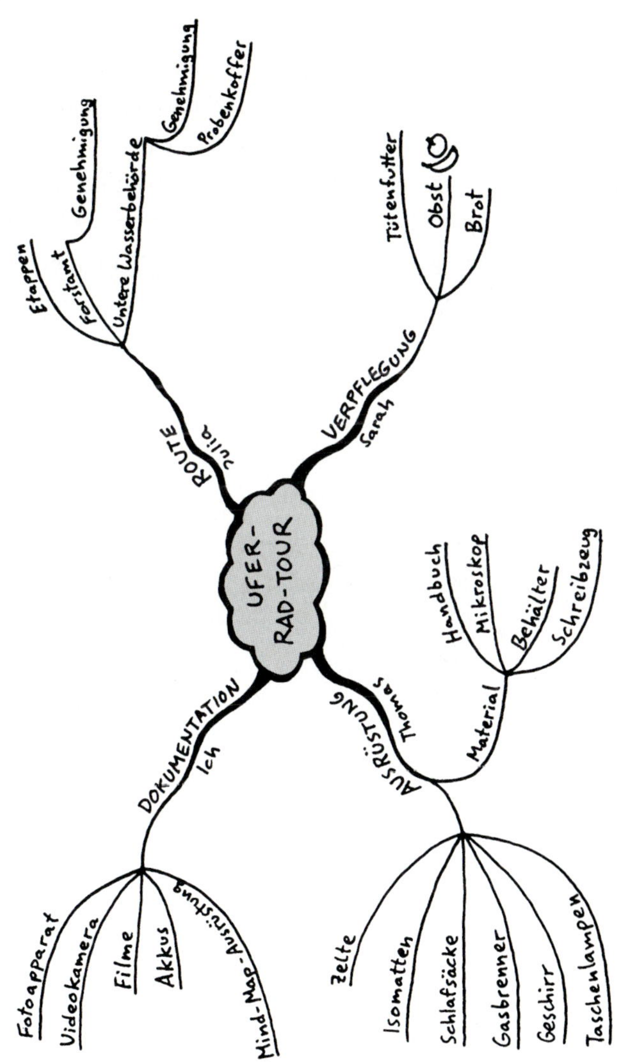

UFER-RAD-TOUR
ROUTE
Julia
Etappen
Forstamt
Genehmigung
Untere Wasserbehörde
Genehmigung
Probenkoffer
VERPFLEGUNG
Sarah
Tütenfutter
Obst
Brot
DOKUMENTATION
Ich
Fotoapparat
Videokamera
Filme
Akkus
Mind-Map-Ausrüstung
AUSRÜSTUNG
Thomas
Material
Handbuch
Mikroskop
Behälter
Schreibzeug
Zelte
Isomatten
Schlafsäcke
Gasbrenner
Geschirr
Taschenlampen

Den Tag planen

Bei jeder Planung spielt die Zeit eine entscheidende Rolle. Für die Zeitplanung eines Tages ist eine Mind Map ein pfiffiges Hilfsmittel, denn sie ist rund, wie eine Uhr. Da du vormittags ohnehin in der Schule bist, kannst du deine Tagesplanung von Mittag bis Mitternacht an einer Mind Map skizzieren. Was du z. B. um 3 Uhr zu tun hast, schreib auf einen Ast, der „bei 3 Uhr" an deiner Mind Map ansetzt. Das folgende Beispiel zeigt dir eine mögliche Tagesplanung.

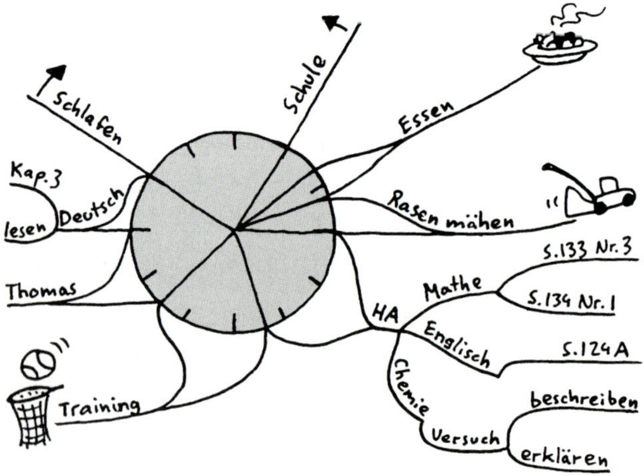

Die Zeitplanung konnte hier nur kurz angesprochen werden. Mehr dazu, insbesondere zur Zeitplanung vor Prüfungen, erfährst du in dem Buch „Zeitmanagement für Kids – fit in 30 Minuten" von Lothar J. Seiwert und Dirk Konnertz.

Übung

Im Laufe der ersten drei Kapitel bist du zu einem echten Mind-Mapping-Profi geworden. Zeig nun, was du kannst, indem du eine Ausstellung zu den Ergebnissen der Fluss-Exkursion von Seite 45 vorbereitest – natürlich mit Hilfe einer Mind Map!

Zusammenfassung

Mind Mapping hilft dir, deine kreativen Fähigkeiten zu nutzen:

- **Beim Schreiben von Aufsätzen, Hausarbeiten und Referaten bringst du durch Clustering mehr Einfälle zu Papier, die du in Form einer Mind Map übersichtlich strukturieren kannst. Durch Assoziationsübungen mit Hilfe von Clustering findest du Wörter und Begriffe, die dir helfen, gut zu formulieren.**

- **Zur Präsentation von Referaten oder Projektarbeiten eignen sich Mind Maps als Redemanuskript und Visualisierungshilfe.**
- **Mind Maps unterstützen dich bei der Planung von Projekten und großen Vorhaben sowie beim Einteilen deiner Zeit.**

4. Mind Mapping in der Schule

Wie verschaffst du dir einen Überblick über Leben und Werk einer berühmten Person?

Wie kannst du mit Hilfe von Mind Maps leichter Grammatik lernen?

Wie nutzt du Mind Maps für Versuchsprotokolle?

„Das Schwierigste im Leben ist es, Kopf und Herz dazu zu bringen, zusammenzuarbeiten. Was mich angeht, verkehren sie noch nicht einmal auf einer freundschaftlichen Ebene."
Woody Allen

Geht es dir wie Woody Allen? Wir erwarten nicht von dir, dass du dich durch Mind Mapping in die Arbeit für die Schule verliebst. Aber sicherlich spricht dich eine Mind Map mehr an als ein Text oder eine Stichwortsammlung.

In den letzten beiden Kapiteln haben wir dir eine Vielzahl von Anwendungsmöglichkeiten des Mind Mappings aufgezeigt. Wir haben dir außerdem konkrete Beispiele für zwei deiner Unterrichtsfächer gegeben: die Wiederholungs-Mind-Map aus dem Mathematikunterricht und das Ergebnisprotokoll aus dem Sozialkundeunterricht.

Auf den folgenden Seiten findest du weitere Beispiele für den Einsatz von Mind Mapping in den verschiedenen Unterrichtsfächern. Als Übung kannst du die Mind Maps auf größere Blätter übertragen und mit Bildern, Farben und Symbolen ausschmücken. Lass dich von unseren Beispielen anregen und überleg selbst, in welchen Fächern du welche Art von Mind Maps erstellen kannst.

Deutsch

Literarische Texte sind ein wichtiger Bestandteil des Deutschunterrichtes. Dabei kommt es nicht nur darauf an, dass du den Inhalt der Bücher erfasst. Wenn du z.B. einen Roman richtig verstehen willst, ist es oft hilfreich, ein paar Informationen über den Autor in Erfahrung zu bringen. Eine Autorenbeschreibung hilft dir dabei. Auf der rechten Seite siehst du eine Mind Map über Heinrich Böll. Wie bei jeder Mind Map wurden auch hier Schlüsselwörter verwendet, die du nur entschlüsseln kannst, wenn du dich näher mit dem Thema beschäftigt hast. Die Mind Map allein reicht nicht aus, um über Böll informiert zu sein, aber sie eignet sich hervorragend als Gedächtnisstütze und als Hilfe beim Sammeln von Informationen. Zur Erklärung der Schlüsselwörter:

- *Gruppenbild* mit Dame, 1971
- Ende einer *Dienstfahrt*, 1966
- Entfernung von der *Truppe*, 1964
- *Doktor Murkes* gesammeltes Schweigen und andere Satiren, 1958
- Die verlorene Ehre der Katharina *Blum*, 1974
- Ansichten eines *Clowns*, 1963
- *Billard* um halb zehn, 1959
- Wo warst du, *Adam*?, 1951
- Der *Zug* war pünktlich, 1949

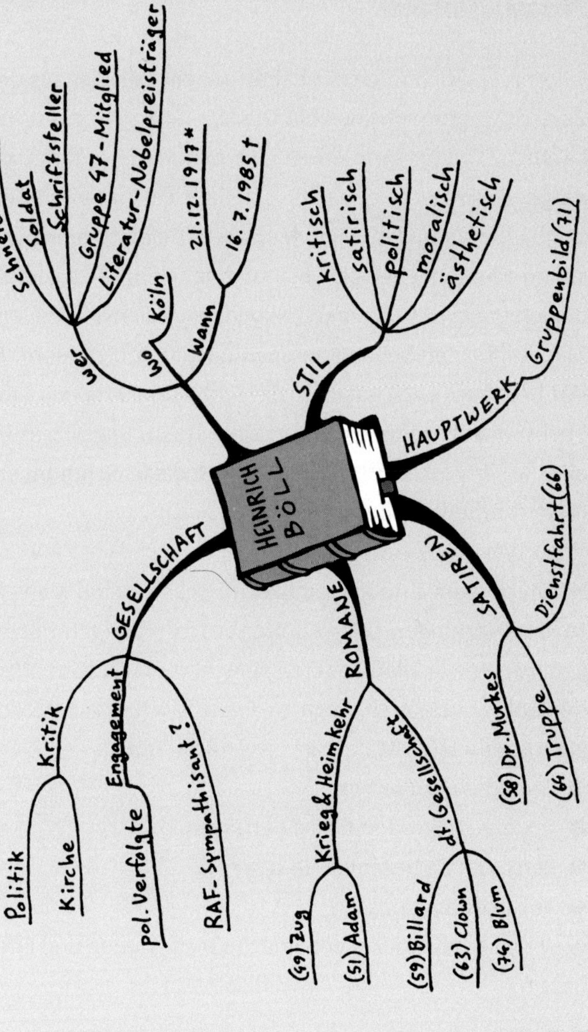
HEINRICH BÖLL
wer
Schneidersohn
Soldat
Schriftsteller
Gruppe 47-Mitglied
Literatur-Nobelpreisträger
wo
Köln
wann
21.12.1917*
16.7.1985†
STIL
kritisch
satirisch
politisch
moralisch
ästhetisch
HAUPTWERK
Gruppenbild (71)
SATIREN
Dienstfahrt (66)
(58) Dr. Murkes
(64) Truppe
ROMANE
Krieg & Heimkehr
(49) Zug
(51) Adam
dt. Gesellschaft
(59) Billard
(63) Clown
(74) Blum
GESELLSCHAFT
Kritik
Politik
Kirche
Engagement
pol. Verfolgte
RAF-Sympathisant?

Englisch

Für den Englischunterricht haben wir ein Beispiel aus dem Bereich Grammatik gewählt. Die klar geregelte grammatikalische Struktur kann durch eine Mind Map optimal wiedergegeben werden. Das Beispiel auf der nächsten Seite zeigt außerdem, dass Mind Maps sehr unterschiedlich aussehen können. Hier gibt es nur zwei Hauptäste, die die beiden Präsensformen beschreiben. Es ist sinnvoll, die Mind Map auf beiden Seiten von oben nach unten zu lesen. Dir fällt bestimmt auch auf, dass die Schlüsselwörter aus Großbuchstaben zusammengesetzt sind. Da im Englischen fast alles klein geschrieben wird, erregt diese Schreibweise mehr Aufmerksamkeit.

Natürlich kannst du auch im Fach Englisch Mind Maps für Textauswertungen oder Autorenbeschreibungen nutzen, genauso wie in allen anderen sprachlichen Fächern. Wenn du künftig in Deutsch, Englisch, Französisch, Spanisch oder auch Latein Mind Mapping verwendest, um

- Grammatik zu lernen,
- Texte auszuwerten und zu erfassen,
- Personen zu beschreiben oder
- Aufsätze zu verfassen,

wirst du beim Lernen einer Sprache mehr Freude und Erfolg haben.

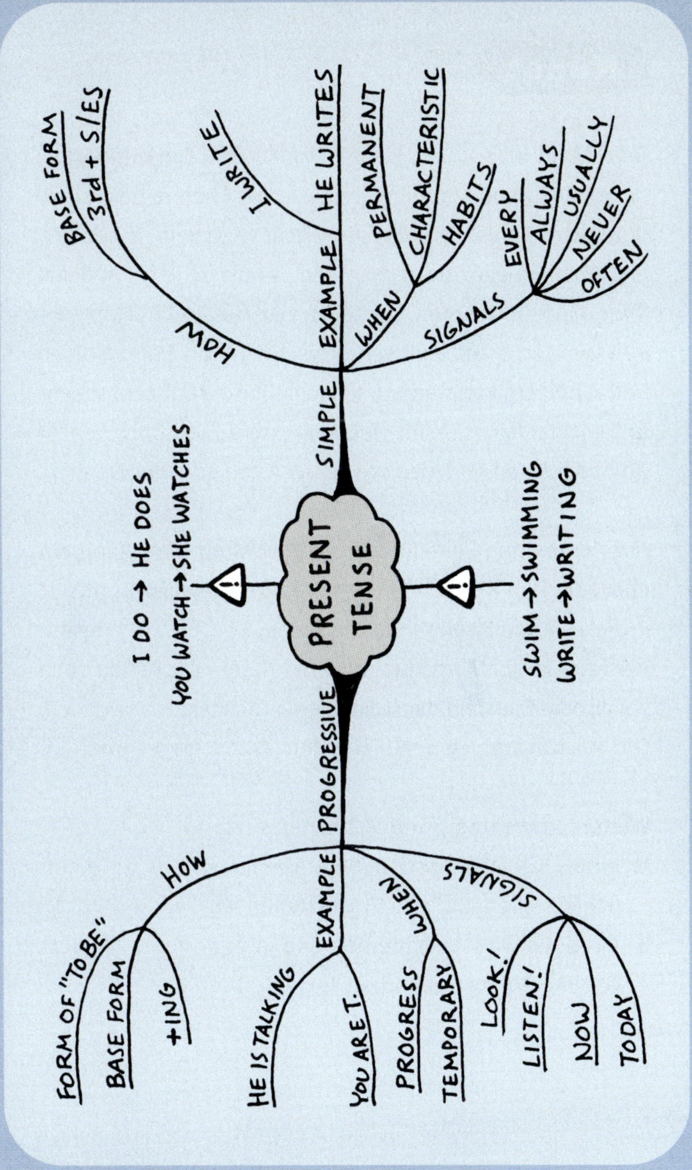
PRESENT TENSE
SIMPLE
HOW
BASE FORM
3rd + S/ES
EXAMPLE
I WRITE
HE WRITES
WHEN
PERMANENT
CHARACTERISTIC
HABITS
SIGNALS
EVERY
ALLWAYS
USUALLY
NEVER
OFTEN
I DO → HE DOES
YOU WATCH → SHE WATCHES
SWIM → SWIMMING
WRITE → WRITING
PROGRESSIVE
HOW
FORM OF "TO BE"
BASE FORM
+ING
EXAMPLE
HE IS TALKING
YOU ARE T.
WHEN
PROGRESS
TEMPORARY
SIGNALS
LOOK!
LISTEN!
NOW
TODAY

Kunst

Jede Mind Map ist ein kleines Kunstwerk. Da wundert es nicht, dass Mind Mapping gerade in der Theorie des Kunstunterrichts hervorragend angewendet werden kann. Skizzen und Abbildungen, die wichtig sind, kannst du leicht in deine Mind Map aufnehmen. Gemälde, Gebäude oder Zeichnungen werden meist aus sehr verschiedenen Perspektiven betrachtet und wirken auf verschiedene Beobachter sehr unterschiedlich. Diesen vielperspektivischen Blick kannst du durch eine Mind Map mit vielen Ästen gut wiedergeben.

Auf der rechten Seite findest du eine Mind Map zu einem europäischen Kunststil – der Gotik. Den gewählten Ansatz – die Zeit, die Region, die Merkmale und die wichtigsten Vertreter in die Mind Map aufzunehmen – kannst du auch auf andere Epochen der Malerei oder Architektur anwenden. Die wichtigsten Aspekte werden damit angesprochen.

Weitere Anwendungsmöglichkeiten sind:

- einen Künstler beschreiben, ähnlich wie es für einen Schriftsteller auf Seite 51 geschehen ist,
- ein Kunstwerk beschreiben und interpretieren, ähnlich wie du einen literarischen Text interpretierst.

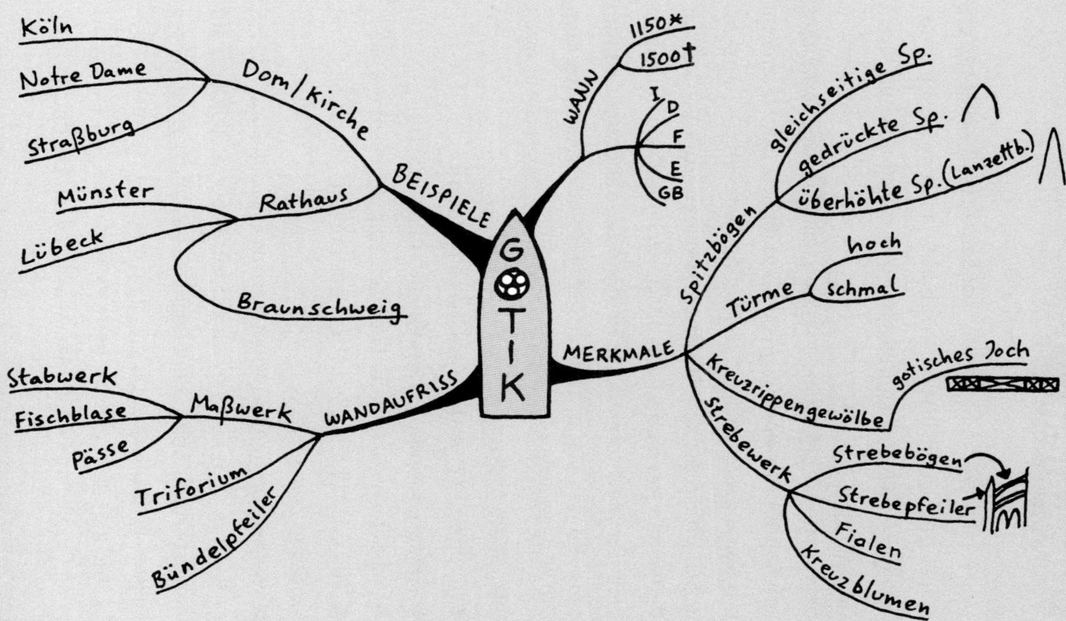

GOTIK
BEISPIELE
Dom/Kirche
Köln
Notre Dame
Straßburg
Rathaus
Münster
Lübeck
Braunschweig
WANN
1150*
1500†
I
D
F
E
GB
MERKMALE
Spitzbögen
gleichseitige Sp.
gedrückte Sp.
überhöhte Sp. (Lanzettb.)
Türme
hoch
schmal
Kreuzrippengewölbe
gotisches Joch
Strebewerk
Strebebögen
Strebepfeiler
Fialen
Kreuzblumen
WANDAUFRISS
Maßwerk
Stabwerk
Fischblase
Pässe
Triforium
Bündelpfeiler

Geschichte

Das Analysieren von Texten, sogenannten Quellentexten, spielt im Geschichtsunterricht, aber auch in Sozialkunde, Ethik und Religion eine große Rolle. Einen solchen Quellentext, der z. B. die Ursachen der Französischen Revolution behandeln könnte, solltest du stets mit Hilfe des Verfahrens von Kapitel 2 bearbeiten. Mind Maps eignen sich außerdem, um damit geschichtliche Abläufe darzustellen. Die wesentlichen Ereignisse des 30-jährigen Krieges, der Verlauf der deutschen Revolution von 1848, wichtige Daten auf dem Weg der Machtergreifung Hitlers oder die Ereignisse, die zum Fall der Mauer führten, können in einer Mind Map zusammengetragen werden. Verfahre dabei stets nach folgendem Muster:

- Ordne die Ereignisse nach ihrem Datum.
- Beginn mit dem ersten Ereignis oben rechts.
- Schreib das Datum oder den Zeitraum auf einen Hauptast.
- Füg das Schlüsselwort, das das Ereignis beschreibt, mit einem Zweig an.
- Vervollständige die Mind Map im Uhrzeigersinn! Wenn, wie bei dem Beispiel zur Französischen Revolution auf der rechten Seite, alle Ereignisse innerhalb eines Jahres passierten, kannst du die Mind Map als „Jahresuhr“ betrachten. Was z. B. im Mai geschah, wird auf einem Ast bei „5 Uhr“ notiert, Ereignisse vom Dezember bei „12 Uhr“.

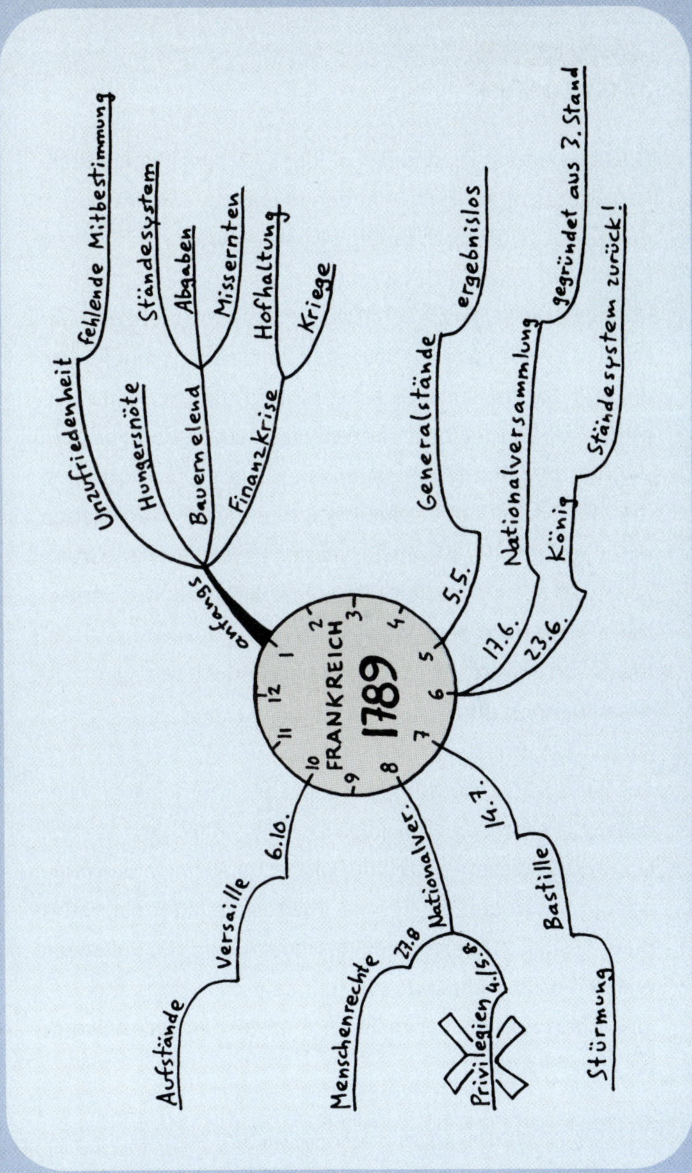
FRANKREICH
1789
anfangs
Unzufriedenheit
fehlende Mitbestimmung
Hungersnöte
Bauernelend
Ständesystem
Abgaben
Missernten
Finanzkrise
Hofhaltung
Kriege
5.5.
Generalstände
ergebnislos
17.6.
Nationalversammlung
gegründet aus 3. Stand
23.6.
König
Ständesystem zurück!
14.7.
Bastille
Stürmung
Nationalver.
27.8
Menschenrechte
4./5.8.
Privilegien
6.10.
Versaille
Aufstände

Physik

Die Anwendungsmöglichkeiten für Mind Mapping beschränken sich nicht auf Fächer, in denen vorwiegend mit Texten gearbeitet wird. Auch in naturwissenschaftlichen Fächern kannst du vom Mind Mapping profitieren. Bei Versuchen in Physik und Chemie lohnt es sich, Verlaufsprotokolle als Mind Maps zu erstellen. Das geht zum einen schnell, zum anderen kannst du zusätzliche Beobachtungen deiner Mitschüler später leicht ergänzen. Das Lernen von Formeln wird durch Mind Maps einfacher, wenn du die Formel in die Mitte des Blattes schreibst und an jeden Buchstaben einen Ast mit der Bezeichnung der physikalischen Größe zeichnest. Doch Vorsicht! Die reine Kenntnis der Formel reicht noch nicht aus, um sie auch richtig anzuwenden. Du musst die Formel verstanden haben und wissen, wann du sie anwenden darfst.

Auf Seite 59 ist eine Mind Map aus der Wärmelehre abgebildet. Sie erklärt die Funktionsweise des 4-Takt-Otto-Motors. Das Prinzip dieser Darstellung kannst du auf viele Beispiele aus der Physik und der Chemie übertragen. Jedesmal, wenn du die Funktionsweise einer Maschine oder eines Prozesses erklären sollst, kannst du dies mit einer Mind Map tun. Beginn oben rechts und arbeite dich im Uhrzeigersinn Schritt für Schritt weiter.

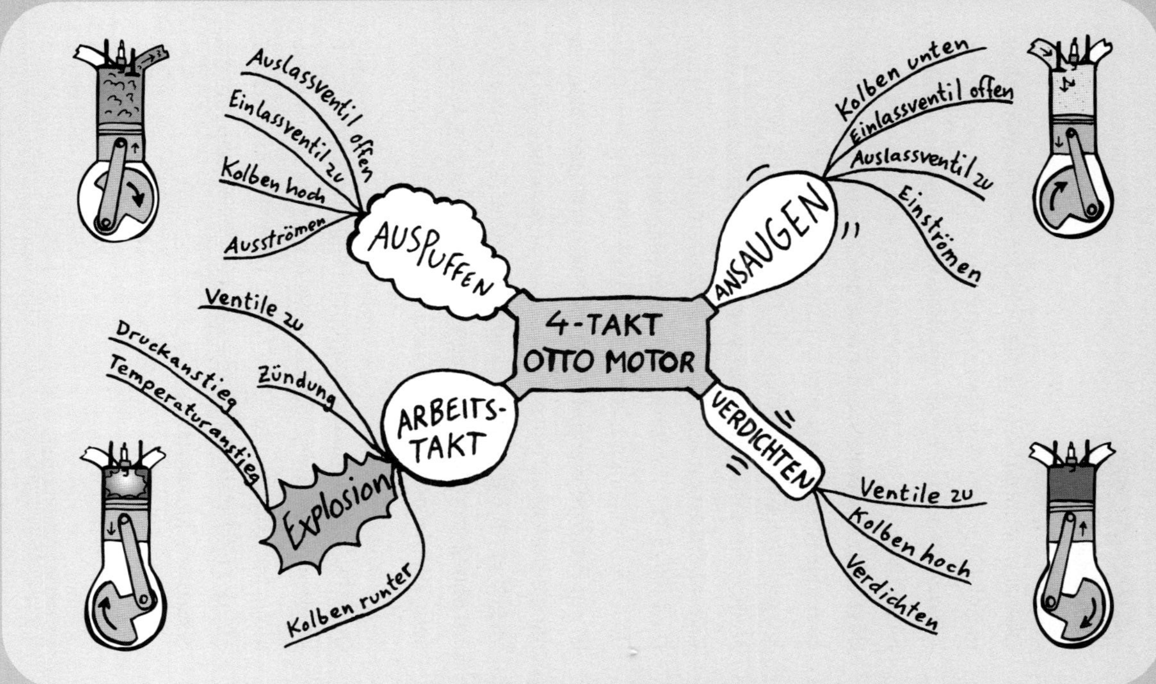
4-TAKT
OTTO MOTOR
ANSAUGEN
Kolben unten
Einlassventil offen
Auslassventil zu
Einströmen
VERDICHTEN
Ventile zu
Kolben hoch
Verdichten
ARBEITS-
TAKT
Ventile zu
Zündung
Explosion
Druckanstieg
Temperaturanstieg
Kolben runter
AUSPUFFEN
Auslassventil offen
Einlassventil zu
Kolben hoch
Ausströmen

Biologie

Biologen benutzen sehr häufig Abbildungen, die Mind Maps in vielen Punkten sehr ähnlich sind. So zeichnen sie Stammbäume, wenn sie im Rahmen der Vererbungslehre erklären wollen, wie sich eine Erbanlage auf die Nachkommen überträgt. Jede Generation entspricht dabei einem Ast, die einzelnen Nachkommen sind mit Zweigen dargestellt.
Ein weiteres Beispiel liefern die Nahrungsketten. Mit Mind Maps kannst du beschreiben, wer wen frisst: Schreib den Räuber auf einen Ast und die Beutetiere auf die Zweige. Diejenigen, die die Beutetiere zuvor verspeist haben, fügst du an noch kleineren Zweigen an usw...
In der Biologie werden verschiedene Tiere oder Pflanzen mit gleichen Merkmalen in einer Gruppe zusammengefasst. So gibt es im Tierreich die Gruppe der Metazoa, die wiederum den Stamm der Chordatiere umfasst, die sich in Manteltiere, Schädellose und Wirbeltiere als Unterstämme aufteilen.

Du siehst, dass du solche Zusammenhänge sehr umständlich erklären musst, wenn du ausschließlich Worte verwendest. Einfacher wird es mit Mind Maps. Überzeug dich selbst! Auf der nächsten Seite findest du eine Mind Map, die die Wirbeltiere klassifiziert.

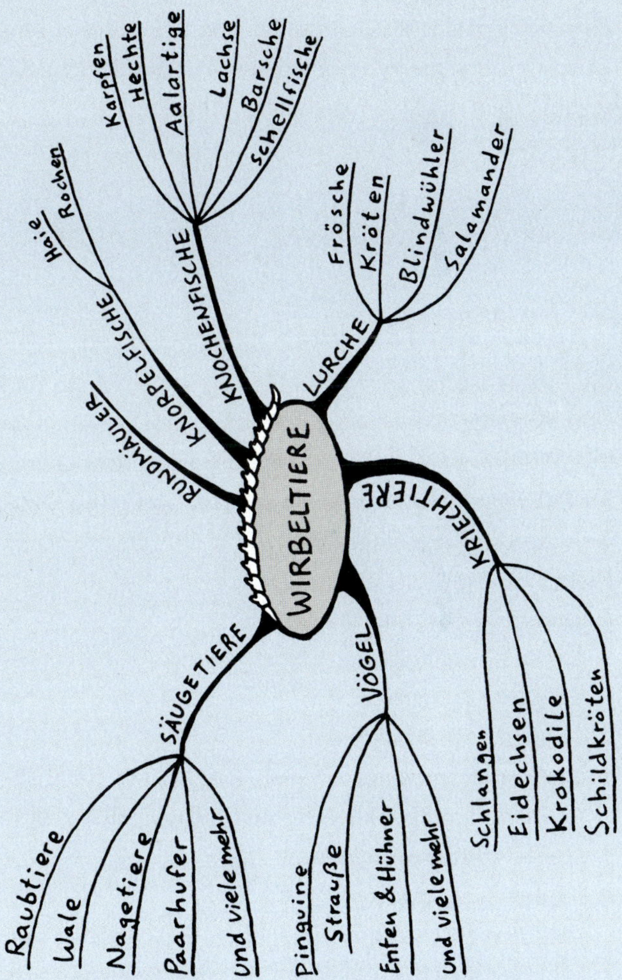
WIRBELTIERE
RUNDMÄULER
KNORPELFISCHE
Haie
Rochen
KNOCHENFISCHE
Karpfen
Hechte
Aalartige
Lachse
Barsche
Schellfische
LURCHE
Frösche
Kröten
Blindwühler
Salamander
KRIECHTIERE
Schlangen
Eidechsen
Krokodile
Schildkröten
VÖGEL
Pinguine
Strauße
Enten & Hühner
und viele mehr
SÄUGETIERE
Raubtiere
Wale
Nagetiere
Paarhufer
und viele mehr

Sicher findest du weitere Anwendungsmöglichkeiten. Falls du mit eMindMaps arbeiten solltest, kannst du uns gelungene Beispiele gerne mailen. Wir freuen uns über jede neue Anregung. Mails an: bjoern.gemmer@lernteam.de.

Zusammenfassung

Die Möglichkeiten für Mind Mapping in der Schule sind sehr vielfältig. Neben dem Auswerten von Texten, dem Protokollieren von Unterrichtsstunden und dem Lernen für Prüfungen bieten zahlreiche Arten von Mind Maps viele Anwendungsmöglichkeiten für die verschiedenen Fächer.

- **Deutsch, Kunst und Musik:**
  Künstlerbeschreibungen, Interpretationen, Darstellen einzelner Epochen.
- **Geschichte, Sozialkunde:**
  Bearbeiten von Quellentexten, Beschreiben wichtiger Politiker, Freiheitskämpfer und Bürgerrechtler, Darstellen zeitlicher Abläufe.
- **Naturwissenschaften:**
  Verlaufsprotokolle zu Versuchen, Beschreiben von Prozessen und Kreisläufen, Veranschaulichen von Formeln, Klassifizierungen.

Empfehlenswerte Bücher

Buzan, Tony & North, Vanda:
Mind Mapping
Wien: htp-Verlag 1997

Hertlein, Margit:
Mind Mapping – Die kreative Arbeitstechnik
Reinbek: Rowohlt Verlag 1998

Konnertz, Dirk & Sauer, Christiane & Kneip Wilfried:
Lern-Landkarten
Mühlheim a.d. Ruhr: Verlag an der Ruhr 1998

Konnertz, Dirk & Sauer, Christiane:
Lernspaß – fit in 30 Minuten
Offenbach: GABAL Verlag 2000

Rico, Gabriele L.:
Garantiert Schreiben Lernen
Reinbek: Rowohlt Verlag 1998

Sauer, Christiane & Konnertz, Dirk:
Power-Gedächtnis – fit in 30 Minuten
Offenbach: GABAL Verlag 2000

Svantesson, Ingemar:
Mind Mapping und Gedächtnistraining
Offenbach: GABAL Verlag 1998

Stichwortregister

Reden und präsentieren

Inhalt

Hallo und herzlich willkommen!

„Denn das hat der Zuhörer gern: dass er deine Rede wie ein schweres Schulpensum aufbekommt; dass du mit dem drohst, was du sagen wirst, sagst oder schon gesagt hast. Immer schön umständlich."

Dass Kurt Tucholsky diese Worte aus seiner Anleitung „Ratschläge für einen schlechten Redner" ironisch gemeint hat, ist offensichtlich. Doch so weit hergeholt ist seine Einschätzung über die Qualität von Vorträgen gar nicht.

Du selbst hast wahrscheinlich auch schon die Erfahrung gemacht, dass dir Referate deiner Klassenkameraden sprichwörtlich wie ein unverdaulich „schweres Schulpensum" vorgekommen sind. Vielleicht hast du Ähnliches aber auch schon bei der Vorbereitung und beim Vortragen von eigenen Referaten gedacht: *„Kein Wunder, dass alle einschließlich des Lehrers so einen teilnahmslosen Gesichtsausdruck haben – ich schlafe ja fast bei meinem eigenen Vortrag ein."*

Woran liegt es aber, dass viele Vorträge grausam langweilig oder sogar unverständlich sind, es aber – zum Glück! – offensichtlich doch auch Menschen gibt, die so mitreißend erzählen und vortragen können, dass du ihnen stundenlang zuhören kannst?

Ein guter Redner macht vor allem eines richtig: Er redet nicht für sich, sondern für sein Publikum!
Sein Ziel ist es, seinem Publikum Wissen zu vermitteln oder es von seiner Meinung zu überzeugen und das auf eine interessante, mitreißende oder sogar unterhaltsame Weise. Ein guter Redner hofft nicht auf Aufmerksamkeit, er erarbeitet sie sich – durch eine Vortragsweise, die direkt die Gefühle, Gedanken und Wahrnehmungen des Publikums anspricht.

Dazu muss er sich genau überlegen,

- welche Worte er verwendet, damit ihm seine Zuhörer inhaltlich folgen können und ihm zudem gerne zuhören (Kapitel 1),
- wie er seine Körpersprache einsetzt, damit er bei seinem Publikum einen sympathischen, überzeugenden und sicheren Eindruck macht (Kapitel 2),
- welche Präsentationsmedien er verwendet, um seine Redeinhalte sinnvoll zu veranschaulichen (Kapitel 3), und
- wie er seinen Vortrag inhaltlich strukturiert, damit sein Publikum gerne und aufmerksam zuhört und die erzählten Inhalte nicht vergisst (Kapitel 4).

Viel Spaß bei der Vorbereitung deiner Vorträge und großen Erfolg bei deinem Publikum wünscht dir

Christiane Sauer

1. Für die Zuhörer sprechen

Weißt du, wie du einfach und präzise formulieren kannst?

Willst du erfahren, wie du auch schwierige Inhalte anschaulich erklären kannst?

Möchtest du interessant und mitreißend reden können?

Mal ehrlich: Oft gibt es wohl kaum etwas Langweiligeres als dem langen Monolog eines Mitschülers zuzuhören, z. B. dann, wenn er gerade ein Referat hält. Obwohl das Thema eigentlich ganz spannend ist, fällt es dir schwer, dich auf seine Worte zu konzentrieren. Und nachdem der Referent einen Sachverhalt so kompliziert erklärt hat, dass du nur noch Bahnhof verstehst, hast du nicht nur den roten Faden des Vortrags verloren, sondern auch deine Lust weiter zuzuhören. Also endet auch dieses Referat wie all die anderen zuvor: Du lehnst dich zurück und hängst deinen eigenen Gedanken nach oder du beteiligst dich an einer wilden Schlacht der letzten gegen die vorletzte Tischreihe im Schiffe versenken.

Aus der Sicht deines Mitschülers bzw. aus deiner Sicht, wenn du selbst ein Referat hältst, stellt sich die Situation häufig auch nicht viel spannender dar. Du bist gut vorbereitet, hast dir eine Menge interessanter Dinge zu deinem Thema notiert, doch als du vor der Klasse stehst, hast du das Gefühl, dass du dich völlig umsonst abrackerst. Ausdruckslose Gesichter starren dir entgegen, ab und zu ein verhaltenes Gähnen, vielleicht noch der aufmunternde Blick eines Freundes.

Schade, denn Referate können so interessant und spannend vorgetragen werden, dass dir deine Zuhörer förmlich an den Lippen hängen. Wie das geht, erfährst du auf den folgenden Seiten.

Was dein Publikum behalten kann

10%
von dem, was wir lesen

20%
von dem, was wir hören

30%
von dem, was wir sehen

50%
von dem, was wir hören und sehen

70%
von dem, was wir mit eigenen Worten wiedergeben

90%
von dem, was wir selber tun

Manche Redner gehen davon aus, dass sich ihre Zuhörer nach ihnen zu richten haben. Dass diese Annahme falsch ist, belegen viele Beispiele und Untersuchungen. Ein Radiobeitrag z. B. dauert selten länger als fünf Minuten. Auch Redebeiträgen, z. B. bei Diskussionen, hört man ungerne länger als ein bis zwei Minuten zu. Und selbst einem außergewöhnlich guten Vortrag kann kaum ein Mensch ohne Informationslücken länger als 40 Minuten folgen.

Die Abbildung auf Seite 74 erklärt, woran es wohl liegt, dass Menschen beim Zuhören kein so großes Durchhaltevermögen beweisen. Diese Statistik zeigt nämlich, mit welchen Lernkanälen Menschen im Durchschnitt welche Menge an Informationen behalten können – beim Hören sind es nur 20 Prozent, also recht wenig.
Hier wird schon deutlich, dass es sicher am sinnvollsten ist, Informationen immer über verschiedene Wahrnehmungskanäle gleichzeitig aufzunehmen. Wie du diese Erkenntnis für die Gestaltung und den Aufbau deines Vortrags nutzen kannst, wirst du im Laufe dieses Buchs erfahren.

In diesem Kapitel soll es jedoch zunächst darum gehen, wie du deinen Vortrag sprachlich so einfach, präzise und gleichzeitig mitreißend gestalten kannst, dass dein Publikum in Zukunft wesentlich mehr als nur magere 20 Prozent behalten wird.

Einfach und verständlich reden

Lies dir einmal die folgenden drei Redebeispiele durch (oder besser: lass sie dir vorlesen) und überlege, warum diese Redner für ihre Zuhörer so schwer verständlich sind.

Aus einem Schülerreferat über das Grundgesetz

Der soziale Rechtsstaat hat also den verfassungsrechtlichen Auftrag, die Verwirklichung des Prinzips des Personalen auf Kosten des Sozialen und des Prinzips der Freiheit auf Kosten der Gleichheit zu verhindern, und das gilt natürlich auch umgekehrt.

Aus einem Lehrervortrag über die Französische Revolution

Über die Auswirkungen des „Terrors" finden sich im Geschichtsbuch genauere Zahlen; diese verdeutlichen das ganze Ausmaß des Schreckens. So wird die Zahl der Todesurteile zwischen März 1793 und Juli 1794 in ganz Frankreich auf ungefähr 17.000 geschätzt. Das sind also, wenn Sie nachrechnen, im Monat 1.000 Hinrichtungen, auch Kinder und Greise waren darunter. Auch für die Hauptstadt haben wir genaue Zahlen. In Paris wurden vom März 1793 bis zum 10. Juni 1794 1.521 Urteile vollzogen, und vom 11. Juni 1794 bis zum 27. Juli, in knapp sieben Wochen also, kam es nochmals zu 1.376 Todesurteilen. Das müssen Sie sich einmal vor Augen führen!

Aus der Rede eines Kommunalpolitikers in der Haushaltsdebatte

Bei dieser Gelegenheit scheint es mir doch wichtig, einmal deutlich darauf hinzuweisen, dass bei der Inanspruchnahme mittelfristiger Kredite, und dies sollte angesichts sinkender Zinsen und steigender Einnahmen doch wohl vertretbar sein, auch wenn das, wie ich zugeben muss, der Steuerzahler nicht so gerne sieht, der Ausbau des Schulzentrums die Priorität haben muss vor kleineren Projekten, zumal sich die finanziellen Risiken in Anbetracht des Nutzens, immerhin stellt dies ja eine Investition in die Zukunft dar, in Grenzen halten.

(Beispiele aus: Gora, Stephan: Grundkurs Rhetorik, S. 15)

Sicher sind dir beim Lesen oder Hören der drei Beispiele gleich eine Menge Fehler der Redner aufgefallen:

Der Schüler hat einen viel zu langen und komplizierten Satzbau gewählt, er benutzt zu viele Fremdwörter und substantiviert unnötig.

Der Lehrer überschüttet seine Zuhörer in wenigen Sätzen mit zu vielen Zahlen und Daten.

Der Politiker formuliert ähnlich wie der Schüler einen viel zu langen Satz. Allerdings verkompliziert er ihn zusätzlich, indem er inhaltlich überflüssige Nebensätze einbaut.

Damit dir dein Publikum gerne zuhört und dich richtig versteht, solltest du deshalb folgende Regeln beachten:

Formuliere kurze Sätze!

- Zehn bis fünfzehn Wörter pro Satz reichen aus.

Formuliere einfache Sätze!

- Vermeide unnötige Nebensätze.
- Verzichte auf überflüssige Einschübe (vgl. Beispiel auf Seite 77: „Bei dieser Gelegenheit …, einmal deutlich darauf hinweisen …, wie ich zugeben muss …“).
- Vermeide Füllwörter (z. B. ähm, und, ja, also etc.).
- Verwende Indikativ statt Konjunktiv (z. B.: „Ich schlage vor“, statt „Ich würde vorschlagen“).
- Häufiger Aktiv als Passiv verwenden (z. B.: „Zwei Räuber überfielen eine Bank“, statt „Eine Bank wurde von zwei Räubern überfallen“).

Formuliere verständliche Sätze!

- Fünf bis sechs Daten oder Zahlen pro Vortrag (am besten gerundet) reichen aus. Zusätzliche Zahlen solltest du an der Tafel oder auf einem Thesenpapier notieren.
- Vermeide unnötige Fremdwörter oder Fachbegriffe oder erkläre sie und schreibe sie an die Tafel.
- Verwende anschauliche Beispiele und Vergleiche.

Übung

Versuche folgende Wörter verständlich zu erklären: Metapher, Reflexion, Naturpark, Artenschutz, effektiv, präzise, Motivation, Echo, ergebnisorientiert, stetig, potentiell

Wenn es **kompliziert wird**

Komplizierte Inhalte so zu erklären, dass deine Zuhörer alles verstehen, ist manchmal ganz schön schwer. Damit dein Publikum dennoch dem „roten Faden“ deiner Erläuterungen folgen kann, solltest du zumindest bei kniffeligen Inhalten den Satzplan einhalten. Was ein Satzplan ist, zeigt dir das folgende einfache Beispiel:

Tom überlegt, ob er im nächsten Schuljahr besser *Fußball* oder *Volleyball* wählen solle. *Fußball* spielt er schon sehr gut, aber beim *Volleyball* könnte er noch etwas *hinzulernen*. Das Argument, *etwas Neues zu lernen,* überzeugt ihn schließlich mehr als die sichere *gute Note*. Am Ende des Schuljahres honoriert der Sportlehrer durch eine *gute 2* Toms *Entscheidung* und sagt: „Wie du siehst, war dein *Entschluss* richtig!“

Reden nach dem Satzplan bedeutet also, dass du im folgenden Satz ein oder zwei wichtige Wörter des vorherigen Satzes wieder aufgreifst und inhaltlich fortführst. Natürlich solltest du nicht ständig nach diesem Satzplan reden. Das wäre für deine Zuhörer auf Dauer ermüdend. Bei schwierigen Inhalten hingegen ist der Satzplan eine gute Orientierungshilfe, z. B.:

- bei der Beschreibung von Vorgängen und Abläufen,
- bei der Erläuterung von Versuchsaufbauten,
- bei der Wiedergabe von fremden Gedankengängen etc.

Übung

Versuche, die folgenden geometrischen Figuren z. B. deinen Freunden so genau zu beschreiben, dass sie die Figuren möglichst richtig mitzeichnen. Natürlich dürfen deine Freunde die Figuren vorher nicht sehen und Rückfragen sind auch nicht erlaubt!

1

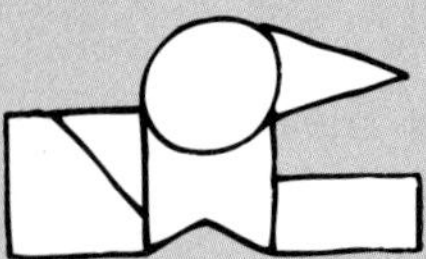

2

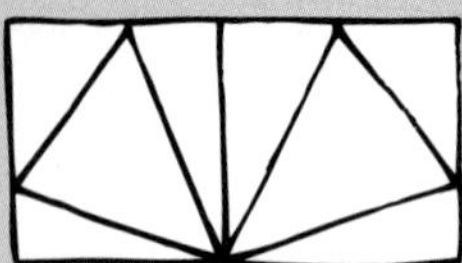

3

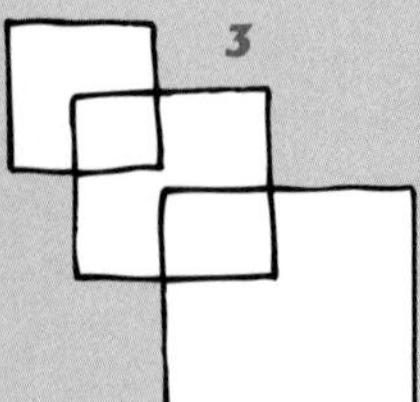

4

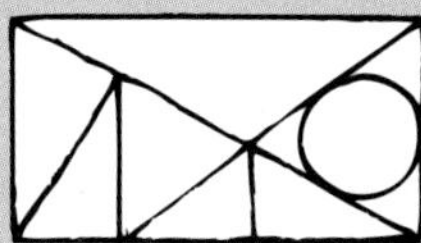

5

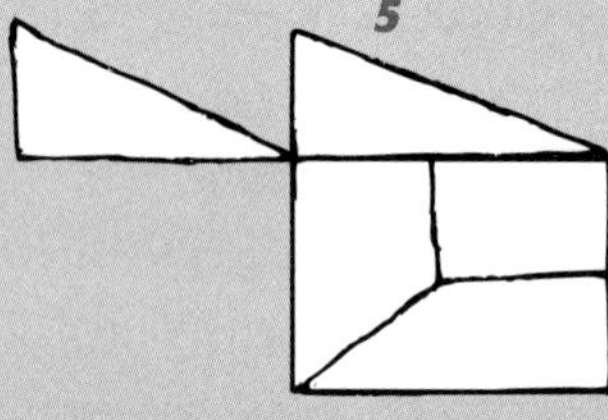

6

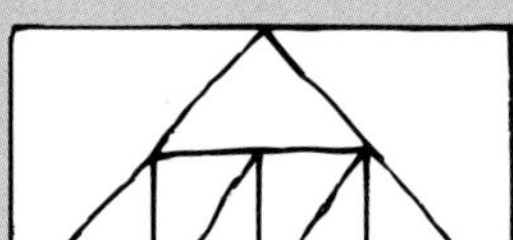

Alle Sinne ansprechen

Sicher hast du auch schon einmal einem Geschichtenerzähler stundenlang zugehört. Vielleicht erinnerst du dich auch an ein Buch, in das du beim Lesen mit deiner ganzen Fantasie eingetaucht bist?

Woran liegt es, dass uns manche Erzähler oder Erzählungen derart begeistern und mit Haut und Haaren an sich fesseln? Das „Geheimnis" liegt wohl in der richtigen Wahl der Worte! Je mehr Sinne deiner Zuhörer oder Leser du ansprichst, umso mehr beteiligst du sie an dem Erzählten. Natürlich spielt dabei auch der richtige Einsatz der Stimme und die übrige Körpersprache eine wichtige Rolle, doch dazu mehr im nächsten Kapitel.

Richtige Sprachkünstler sind manche Musiker. Überlege einmal, welche Sinne die *Fantastischen Vier* und *Herbert Grönemeyer* in diesen Liedtext-Ausschnitten ansprechen:

… der Moment ist die Tat, die du tust, Augenblick, denn dein Auge erblickt, was du tust, und erschrickt vor dem Ding, das du kennst, weil es immer da war, die Musik ist aus und ist immer noch da …

… dein Lachen ist gemalt, deine Gedanken sind nicht mehr bei mir, streichelst mich mechanisch, völlig steril, eiskalte Hand, mir graut vor dir, fühl mich leer und verbraucht, alles tut weh, hab Flugzeuge in meinem Bauch …

Hier findest du eine Auswahl an Wörtern, die du bei Vorträgen oder einfach beim alltäglichen Erzählen einbauen kannst. Vielleicht fallen dir ja noch weitere Beispiele ein. Übrigens: Je mehr Sinne ein Wort gleichzeitig anspricht, umso besser!

Für den visuellen Sinn (die Augen)

einleuchtend, offensichtlich, klar, Überblick, Perspektive, in einem anderen Licht sehen, Aspekt, Durchblick, Ansicht, Einsicht, schleierhaft, trüb, düster, strahlend, glänzend, aufblitzen, Fokus, unscharf, grau in grau, rosa Brille, schwarz sehen, ein heller Kopf, unter die Lupe nehmen, ins Auge fallen, verschwommen, Erleuchtung, Horizont etc.

Für den auditiven Sinn (die Ohren)

Zustimmung, sich einstimmen, klingen, Harmonie, unerhört, Einklang, Anklang, das hört sich gut an, ich sag mir, das schreit zum Himmel, Echo, Widerhall, es macht klick, eine leise Ahnung, knistern, in den höchsten Tönen, sang- und klanglos, die erste Geige spielen, den Marsch blasen, die Stimme der Vernunft etc.

Für den kinästhetischen Sinn (das Gefühl)

Begriff, das liegt auf der Hand, schwerfällig, leichtsinnig, hart, anpacken, zugreifen, niederschlagen, prickelnd, das lässt mich kalt, in der Hitze des Gefechts, schweißtreibend, auf etwas stoßen, heiß und kalt, kühl, das kratzt mich nicht, es juckt mich in den Fingern, handhaben, Belastung,

Erleichterung, umfassend, aufbauen, raue Sitten, beißend, aufstacheln, überstürzt, im Handumdrehen, eintreten etc.

Für den olfaktorischen Sinn (die Nase)

dufte, mir stinkt's, das riecht nach Ärger, anrüchig, faul, etwas wittern, Schnüffler, Spürnase, die Nase rümpfen etc.

Für den gustatorischen Sinn (den Geschmack)

das schmeckt mir nicht, ich habe die Schnauze voll, das ist nach meinem Geschmack, durchkauen, fad, sauer, bitter, süß, ein gefundenes Fressen, ein Leckerbissen etc.

Zusammenfassung

- **Der Mensch kann im Durchschnitt nur ca. 20 Prozent der gehörten Informationen behalten. Sprich deshalb so einfach und verständlich wie möglich.**
- **Kurze Sätze, der Verzicht auf unnötige Einschübe, Füllwörter, wenige Daten oder Zahlen und Fremdwörter etc. sind in diesem Zusammenhang wichtige Sprachregeln.**

- **Damit dir deine Zuhörer auch bei komplizierten Sachverhalten gut und gerne folgen können, solltest du den Satzplan einhalten.**
- **Mit einer Sprache, die alle Sinne deiner Zuhörer anspricht, kannst du dein Publikum begeistern und mitreißen.**

2. Durch Körpersprache überzeugen

Willst du wissen, wie du durch die richtige Körpersprache Sicherheit gewinnen kannst?

Möchtest du bei deinem Publikum einen sympathischen Eindruck hinterlassen?

Weißt du, wie du dein Publikum durch deine Körpersprache überzeugen kannst?

Jede zwischenmenschliche Kommunikation findet auf zwei Ebenen statt. Die erste Ebene ist die verbale Sprache, also die der gesprochenen Inhalte. Die zweite Ebene ist die nonverbale Sprache. Damit ist die Körpersprache, also deine Haltung, Gestik, Mimik und Stimme gemeint.

Der Psychologe Albert Mehrabian hat durch wissenschaftliche Versuche herausgefunden, welche Anteile die verbale und nonverbale Sprache beim Kommunizieren haben. Das Ergebnis ist wirklich erstaunlich!
Ob du auf andere Menschen sympathisch wirkst oder nicht, hängt zu 55 Prozent von deiner Haltung, Gestik und Mimik ab. Entscheidend ist dabei vor allem dein Gesichtsausdruck. Weitere 38 Prozent Sympathie oder Antipathie vermittelst du über deine Stimme. Was du dagegen inhaltlich sagst, hat zunächst eine geringe Bedeutung von nur 7 Prozent. Interessant, oder? Vielleicht auch ein wenig erschreckend, dass es gerade die meist völlig unbewusste Körpersprache ist, die darüber entscheidet, wie du z. B. bei einem Vortrag aber auch beim Kennenlernen neuer Leute „ankommst“.

Bleib du selbst!

Was du nicht versuchen solltest, ist die Körpersprache anderer Menschen nachzuahmen. Das wirkt immer unnatürlich und wird schnell als Kopie erkannt. Deshalb: Bleib du selbst und beachte einfach die folgenden Tipps:

Sicher und selbstbewusst: die Haltung

Die Haltung, die du während des Redens einnimmst, entscheidet mit darüber, wie überzeugend du auf deinen Gesprächspartner oder dein Publikum wirkst. Durch die richtige Körperhaltung wirkst du übrigens nicht nur sicherer, sondern du fühlst dich auch selbstbewusster.

Stehe gerade!

Wichtig ist, dass du gerade und aufrecht vor deinem Publikum stehst. Also: Brust raus, Bauch rein und Kopf hoch! Außerdem solltest du leicht gegrätscht mit paralleler oder leicht nach außen gedrehter Fußstellung stehen, so dass deine Füße gleichmäßig belastet sind.

Stehe sicher und locker zugleich!

Erst, wenn du mit der ganzen Fläche deiner Fußsohlen den Boden berührst, hast du einen sicheren Stand gefunden. Gleichzeitig sollten deine Knie aber ganz leicht gebeugt sein. So stehst du locker und stabil zugleich. Diese körperliche Sicherheit überträgt sich auch auf deine geistige Haltung, denn Körper und Geist bilden eine feste Einheit.

Stehe frei!

Gerade in der Schule werden viele Referate im Sitzen gehalten. Besonders günstig ist das nicht, denn „versteckt" hinter einem Tisch oder „eingeklemmt" zwischen Wand und Tisch wird es dir schwer fallen, eine sichere Körperhaltung aufzubauen. Deshalb halte deine Referate in Zukunft frei stehend, dann wirkst du auch auf dein Publikum selbstbewusst und überzeugend. Außerdem hast du auf diese Weise mehr Spielraum für deine Gestik.

Stehe ruhig!

Oft kannst du Redner beobachten, die während ihres Vortrags hin und her „tigern" oder auf der Stelle von einem Bein auf das andere wippen. Manche Redner streichen sich auch ständig durchs Haar oder hantieren an ihrer Kleidung herum. Dadurch verbreiten sie Unruhe, die sich schnell auf das Publikum übertragen kann. Natürlich brauchst du nicht wie angewurzelt auf der Stelle zu stehen, aber du solltest doch immer wieder zu einem festen Standort zurückkehren, von dem aus du für eine Weile möglichst ruhig redest.

Wende dich deinem Publikum zu!

Achte darauf, dass du deinem Publikum beim Reden nicht die „kalte Schulter" zeigst, oder dich hinter der Tafel, einer Karte etc. versteckst. Wende dich beim Reden immer ganz deinen Zuhörern zu. Während du etwas an die Tafel schreibst, mach besser eine kurze Redepause.

Lebendig und offen: die Gestik

Fast alle Menschen unterstreichen das, was sie sagen, durch ihre Gestik, also durch die Bewegung ihrer Hände und Arme. Gestik geschieht meistens unbewusst, denn sie ergibt sich aus dem Zusammenspiel der erzählten Inhalte, den damit verbundenen Gefühlen und dem natürlichen Temperament des Redners. Antrainierte Gestik wirkt deswegen auch meist affektiert und unnatürlich. Deshalb: Bleib so, wie du bist – beachte aber folgende Tipps:

Zeige eine offene Gestik!

Sicher hast du auch schon, z. B. bei Diskussionen, beobachtet, dass Redner, wenn ihnen eine Antwort fehlt oder sie sich in die Enge getrieben fühlen, die Arme vor der Brust verschränken. Eine solche Gestik kann Verschlossenheit signalisieren und eine Barriere zwischen den Gesprächspartnern aufbauen. Offenheit zeigst du hingegen, wenn du mit deinen Armen und Händen das Gesagte unterstreichst. Am professionellsten gelingt dir dies, wenn du in der einen Hand deine Karteikarten mit den Redenotizen hältst und die andere Hand ganz natürlich „mitsprechen" lässt.

Hände in den Taschen?

Eigentlich nein, denn dadurch raubst du dir selbst die Freiheit zum Gestikulieren. Wenn beide Hände tief in den Taschen vergraben sind, wirkt dies außerdem oft unsicher oder überzogen cool. Unter Freunden ist dagegen eine Hand in der Tasche schon mal ok.

Vermeide Übersprungshandlungen!

Führt ihr in der Schule auch manchmal Strichlisten, wie oft ein Lehrer seinen Gürtel zurechtrückt, sich in die Nase kneift, mit dem Kuli knipst oder die Haare hinter die Ohren streicht? Das sind alles so genannte Übersprungshandlungen, die auf Nervosität oder Unsicherheit hindeuten, oder es sind einfach nur dumme Angewohnheiten. Eines haben all diese „Macken" aber gemeinsam: Dem Redner sind sie meist nicht bewusst und sie stören die Aufmerksamkeit des Publikums. Also, achte darauf, welche „Macken" du hast, und dann: Haare zusammenbinden, Stift aus der Hand etc.

Tipp für Wenig-Gestikulierer

Ganz ohne Gestik kann ein Vortrag oder ein Gespräch schnell langweilig oder verkrampft wirken. Gründe für fehlende Gestik können Unsicherheit oder Redeängste sein. Um deiner natürlichen Gestik freien Lauf zu lassen, solltest du eine Hand einfach locker neben dem Körper hängen lassen. Je sicherer du dich fühlst, umso eher wird die freie Hand von selbst zu gestikulieren beginnen.

Freundlich und sympathisch: die Mimik

Erinnerst du dich noch an die Statistik zu Beginn dieses Kapitels? Genau, sie besagte nämlich, dass neben deiner Stimme vor allem die Mimik, also dein Gesichtsausdruck dafür verantwortlich ist, wie du auf deine Zuhörer wirkst.

Blicke freundlich!

Ein freundlicher Gesichtsausdruck hebt nicht nur deine eigene Stimmung, sondern auch die deines Publikums. Ein insgesamt positiver Gesichtsausdruck, hin und wieder ein nettes Lächeln und dein Publikum hört dir gerne und aufmerksam zu.

Übung Die Lächel-Übung

Wenn du freundlich schaust und lächelst, dann überträgt sich dein Gesichtsausdruck auch auf deine persönliche Stimmung. Wenn du hingegen griesgrämig guckst, dann fühlst du dich auch so.

Das Lächeln kannst du trainieren, indem du dich vor einen Spiegel stellst und ganz bewusst deine Mundwinkel zu einem Lächeln nach oben ziehst. Je extremer du lächelst, umso besser ist der Trainingseffekt. Im Übrigen kommst du dir dabei so komisch vor, dass du schon von selbst über dich zu lachen beginnst!

Zeig Gefühle!

Deine Mimik kannst du auch gezielt einsetzen, um das Gesagte mit Gefühlen zu unterstreichen. Dein Vortrag wird dadurch wesentlich lebendiger. Dem Anlass angemessen kannst du so also auch Wut, Trauer, Begeisterung etc. zeigen. Aber Vorsicht: Nicht übertreiben!

Den Blickkontakt halten!

Der Blickkontakt ist die Brücke zu deinem Publikum. Erst durch deine Blicke fühlen sich die Zuhörer wirklich angesprochen und ihre Aufmerksamkeit steigt. Du als Redner hingegen kannst über den Augenkontakt zu deinem Publikum feststellen, ob deine Zuhörer dich inhaltlich verstehen und ob du langsamer, lauter etc. sprechen solltest.

Lass dich coachen!

Beim Reden den Blickkontakt zu halten, ist nicht leicht. Nur wer wirklich angstfrei vor einer Gruppe steht, schafft das. Sicherheit während eines Referates kann dir ein Coach geben. Das ist z. B. ein Freund, der im Publikum sitzt, und dir immer wieder aufmunternd zulächelt oder dir signalisiert, ob du lauter, schneller oder deutlicher reden sollst.

Klangvoll und deutlich: die Stimme

Laut der Statistik auf Seite 85 hat die Stimme mit 38 Prozent den größten Einfluss darauf, ob du bei deinem Publikum einen sympathischen und sicheren Eindruck hinterlässt. Oft ist die Stimme aber leider auch der Teil der Körpersprache, der am schnellsten und deutlichsten auf Angst oder Nervosität reagiert, z. B. mit Zittern, zu schnellem oder stockendem Reden, zu lautem oder leisem, zu hohem oder tiefem Sprechen. Die folgenden Tipps und Übungen sollen dir helfen, deine Stimme geschickt und wirkungsvoll einzusetzen und sie auch bei Lampenfieber im Griff zu behalten.

Der Stimmklang

Die meisten Menschen denken, dass sie eine unangenehme Stimme haben, wenn sie sich das erste Mal auf Band hören. Das liegt daran, dass wir unsere Stimme selbst tiefer hören als sie tatsächlich ist. Unangenehm ist deine Stimme deswegen zunächst nur für dich selbst, nicht aber für deine Zuhörer, denn die kennen deine Stimme bereits.

Übung **Summen**

Damit deine Stimme trotz Lampenfieber angenehm bleibt, solltest du gerade in Stress-Situationen die Tonhöhe deiner Stimme bewusst kontrollieren. Eine für dich und deine Zuhörer angenehme Tonlage findest du heraus, indem du dir etwas Schönes vorstellst, z.B. dein Lieblingsgericht.
Nun kommentierst du deine Vorstellung, indem du auf „mmmmmmmm" mitsummst. Variiere dabei so lange die Tonhöhe, bis du deine optimale Stimmlage gefunden hast.

Die Lautstärke

Wenn du zu laut sprichst, ist das nicht nur unangenehm für deine Zuhörer, sondern belastet auch deine Stimmbänder unnötig. Sprichst du dagegen zu leise, wird das Zuhören bald so anstrengend, dass niemand mehr aufpasst. Wenn du dir nicht sicher bist, ob die gewählte Lautstärke richtig ist, solltest du nach den ersten Worten dein Publikum fragen, ob du gut und angenehm zu verstehen bist.

Die Deutlichkeit

Große Bedeutung für das Gelingen deines Vortrages hat die Deutlichkeit deiner Aussprache. Übertriebene Deutlichkeit wirkt oft aufgesetzt und affektiert. Häufiger kommt es jedoch vor, dass Redner nuscheln oder die Zähne beim Sprechen nicht auseinander bekommen. Deutliches Sprechen kannst du allerdings sehr gut mit der folgenden Übung trainieren:

Übung Korkenübung

Für diese Übung brauchst du einen Text zum Lesen und einen Wein- oder Sektkorken. Klemm dir den Korken nun zwischen die Zähne und versuche, den Text so klar und deutlich wie möglich zu lesen.

Das Sprechtempo

Viele Redner machen den Fehler, dass sie viel zu schnell sprechen, weil sie ihren Vortrag so schnell wie möglich hinter sich bringen wollen. Dabei kommen sie nicht nur selber aus der Puste, sondern auch ihr Publikum. Deswegen: Sprich nur so schnell, dass dich jeder gut verstehen kann und gönne dir und deinem Publikum ausreichend Atem- und Denkpausen.

Die Betonung

Die richtige Betonung bringt Leben in deine Rede. Hilfreich ist es, wenn du dir in deinem Redemanuskript den jeweiligen Sinnkern eines Satzes oder Redeabschnitts markierst, so dass du ihn später durch veränderte Lautstärke oder verändertes Sprechtempo hervorheben kannst. Sprech- bzw. Spannungspausen eignen sich übrigens auch sehr gut, um nachfolgende Inhalte zu betonen.

Je mehr du übst, desto vielfältiger und ausdrucksstärker wirst du in Zukunft deine Körpersprache beim Reden einsetzen können. Mit der folgenden Übung kannst du deine Ausdrucksmöglichkeiten erweitern:

Übung Zeitungstheater

Suche dir einen kurzen Text (ca. 70 Wörter) aus einer Zeitung oder Zeitschrift. Experimentiere nun mit deiner Haltung, Gestik, Mimik und Stimme und versuche, den Text auf unterschiedliche Weise zu lesen, z. B. wie

- eine Trauerrede
- ein juristisches Plädoyer
- eine Kriminalgeschichte
- einen Sportkommentar
- einen Sensationsbericht
- eine politische Rede
- ein Gebet
- einen Rap
- einen Mönchsgesang
- eine Horrorgeschichte

In der Gruppe macht diese Übung besonders viel Spaß. Jeder liest den Text auf eine andere Weise vor. Die anderen müssen erraten, um welche Variante es sich handelt.

Zusammenfassung

- **Ob dir dein Publikum gerne zuhört, hängt zunächst nicht von den erzählten Inhalten ab, sondern von deiner Körpersprache – der Haltung, Gestik, Mimik und Stimme.**
- **Vor allem die Mimik und Stimme haben entscheidenden Einfluss auf dein Publikum.**

- **Über eine aufrechte Körperhaltung, Blickkontakt zum Publikum und eine feste Stimme demonstrierst du Sicherheit.**
- **Eine offene, deinem Publikum zugewandte, freundliche Mimik und Gestik machen dich sympathisch.**

3. Professionell präsentieren

Kennst du unterschiedliche Präsentationsmedien?

Weißt du, wie du eine gute Präsentationshilfe gestalten solltest?

Möchtest du erfahren, wie du unterschiedliche Präsentationsmedien während des Vortrags einsetzen kannst?

Schau dir noch einmal die Statistik auf der Seite 74 an. Hier wird deutlich, dass Menschen durch das Sehen von Bildern oder Gegenständen mehr Informationen behalten als durch Lesen oder Hören. Noch besser behalten wir Informationen allerdings dann, wenn wir beim Lernen mehrere Sinne gleichzeitig einsetzen. Probiere es doch selbst einmal aus:

Ein kleiner Test

Lass dir von einem Freund oder einer Freundin zunächst nacheinander 10 Gegenstände zeigen. Nach einer kurzen Ablenkungsphase, z. B. 30 Sekunden Rechenaufgaben, schreibst du alle Gegenstände auf, an die du dich erinnerst. Anschließend wiederholst du diesen Gedächtnistest mit 10 Wörtern, die du der Reihe nach ablesen musst, und danach mit 10 Wörtern, die du vorgelesen bekommst. Zum Schluss zeigt dir dein Freund bzw. deine Freundin 10 Dinge nacheinander als Gegenstände, als geschriebene Wörter und schließlich werden sie dir auch noch vorgelesen.
Und – welche 10 Gegenstände hast du am besten behalten? Mit großer Wahrscheinlichkeit die beim ersten Test *gesehenen* und die *mit verschiedenen Sinnen gleichzeitig* gelernten Gegenstände beim vierten Test, oder?

Diese, für das Gedächtnis typische Verabeitungsweise von Informationen solltest du bei der Vorbereitung von Vorträgen berücksichtigen. Wie? Das erfährst du im Folgenden!

präsentiere

Ganzheitlich präsentieren

Nicht nur bei deiner Sprache (vgl. Seite 81 bis 83), sondern also auch bei der Wahl deiner Präsentationsmedien solltest du darauf achten, dass du möglichst viele Wahrnehmungskanäle deines Publikums aktivierst. Bei einem Vortrag z. B. ist zunächst nur der auditive Kanal angesprochen. Das ist aber zu einseitig. Dein Publikum versteht und behält die Inhalte deines Vortrags besser, wenn du durch deine Vortragsweise auch ihren kinästhetischen und vor allem ihren visuellen Sinn ansprichst. Bei manchen Referaten, z. B. in Chemie, Biologie, Hauswirtschaft etc. kannst du sogar den olfaktorischen und gustatorischen Wahrnehmungskanal deines Publikums aktivieren.

Im Folgenden findest du einige Anregungen, mit welchen Medien du welche Wahrnehmungskanäle deiner Zuhörer ansprechen kannst:

Für den kinästhetischen Sinn

Passend zu deinem Referatsthema kannst du in der Klasse verschiedene Gegenstände herumreichen, die alle anfassen können, z. B.:

- Pflanzen, wenn du in Biologie über die Photosynthese referierst;
- einen alten Bauarbeiterhelm, wenn du in Erdkunde über den Braunkohleabbau berichtest;

- Inflationsgeld, wenn du in Geschichte über die Zeit der Inflation erzählst.

Für den auditiven Sinn

Neben dem Sprechen kannst du die auditive Wahrnehmung deines Publikums zusätzlich anregen, z. B. durch

- Musikbeispiele, wenn du über einen Musiker referierst;
- Tonbandaufzeichnungen einer Rede, wenn du über einen Politiker redest;
- Vogelstimmen, wenn du über eine bestimmte Vogelart berichtest.

Für den gustatorischen und den olfaktorischen Sinn

Bei manchen Referaten kannst du auch diese Wahrnehmungskanäle aktivieren, z. B. mit

- Nahrungsproben, wenn du in Biologie oder Sport über Ernährung referierst;
- geruchsintensiven Chemikalien, wenn du ein Referat über chemische Verbindungen hältst;
- Geschmacks- und Geruchsproben, wenn du in Hauswirtschaftslehre verschiedene Gewürze vorstellst.

Für den visuellen Sinn

Der visuelle Sinn ist wohl der wichtigste Wahrnehmungskanal für das Verständnis der Inhalte deines Vortrags. Deshalb solltest du bei jedem Referat die visuelle Wahrnehmung deines Publikums aktivieren, z.B. mit folgenden Medien:

- Plakat
- Karten
- Filme
- Bilder, Dias
- Modelle
- Tafel, Flipchart
- Stellwand
- Beamer
- Thesenpapier

Übrigens: An den Augenbewegungen deines Kommunikationspartners kannst du erkennen, welcher Wahrnehmungskanal im Moment aktiviert ist. Allerdings musst du genau aufpassen, denn der Blick geht dabei meist nur ganz kurz in die jeweilige Richtung.

1 …erinnert sich an bekannte Bilder
2 …konstruiert neue Bilder
3 …erinnert sich an bekannte Geräusche, Stimmen, Melodien etc.
4 …konstruiert neue Melodien, Klänge etc.
5 …denkt an Gefühle, Empfindungen etc.

Sinnvoll visualisieren

Wir Menschen leben heute in einer Gesellschaft, in der Informationsvermittlung vorwiegend über das Fernsehen oder den Computer geschieht – also im Wesentlichen über Bilder. Dadurch werden Gewohnheiten geprägt.
So ist es wahrscheinlich auch zu erklären, dass dir dein Publikum viel lieber und aufmerksamer folgt, wenn du während deines Vortrags immer wieder visuelle Reize setzt.

Redeinhalte visualisieren kannst und solltest du bei jedem Vortragsthema. Ob die gewählten Visualisierungshilfen deinem Publikum tatsächlich helfen, die Inhalte deines Referats besser zu verstehen, hängt allerdings von folgenden Punkten ab:

- von der Wahl des geeigneten Mediums,
- von der ansprechenden Gestaltung der Visualisierungshilfe sowie
- vom richtigen Einsatz der Medien während des Vortrags.

Plakate, Folien, Tafel, Beamer, Thesenpapier ...

Prinzipiell bist du bei der Wahl deiner Visualisierungsmedien frei. Dennoch solltest du Folgendes berücksichtigen:

- Wähle ein Medium, das dir vertraut ist und bei dessen Verwendung du dich sicher fühlst.
- Am besten ist es, wenn du deine Visualisierungshilfe bereits zu Hause fertig vorbereiten kannst. Bei Plakaten,

Folien, Beamerseiten etc. geht das gut. Tafelanschriften solltest du auch vorbereiten, anschreiben kannst du sie aber erst während des Vortrags – bedenke das!

- Wenn es sinnvoll ist, kannst du auch mehrere Medien bei einem Vortrag verwenden. Achte aber darauf, dass du kein Medienspektakel inszenierst!

Gestaltung von Visualisierungshilfen

Wie ansprechend und informativ ein Plakat, eine Folie, ein Tafelanschrieb etc. ist, hängt maßgeblich von dessen Gestaltung ab. Folgendes ist wichtig:

- Visualisiere nur wenige wichtige Informationen und ordne sie übersichtlich und gut lesbar an.
- Schreibe keine zusätzlichen Informationen auf, die über deine Redeinhalte hinausgehen. Das verwirrt dein Publikum und lenkt von dem ab, was du gerade erzählst. Eine Ausnahme sind Thesenpapiere. Auf ihnen kannst du zusätzliche oder genauere Informationen vermerken. Allerdings solltest du das Papier in diesem Fall erst am Ende deines Vortrags austeilen.
- Verwende beim Beschriften nur Stichwörter oder kurze Formulierungen, die dein Publikum schnell erfassen kann.
- Besonders wichtige Inhalte solltest du durch Farben und Symbole hervorheben.

Übung Gestalte ein Vortragsplakat

Bei dieser Übung kannst du einmal selber ausprobieren, ein gutes Vortragsplakat zu gestalten. Ordne dazu die folgenden Textausschnitte und versuche bei der Planung des Plakats, die erläuterten Regeln zu berücksichtigen.

Einleitung

Atembeschwerden

Ritual

30-mal höheres Krebsrisiko

Thema

Teerstoffe

Schluss

Raucherhusten

Rauchen ist ungesund

cool

1. Inhaltsstoffe

Langeweile

25.000 Todesfälle pro Jahr

Fuß- und Beinamputationen

Stress

Lungenkrebs

Gewohnheit

3. Abhängigkeit

Herzinfarkt

Geld sparen

Kohlenstoffmonoxyd

Nikotin

90% der Lungenkrebspatienten sind Raucher

2. Krankheiten

Mit Mind Maps veranschaulichen

Ob auf Folie, Beamer, Tafel oder Plakat – Mind Maps sind eine leicht zu erstellende und für das Publikum gut zu erfassende visuelle Unterstützung bei Vorträgen. So erstellst du eine Mind Map:

- *Verwende Blanko-Papier.* Also z.B. Plakate ohne Linien und Kästchen.
- *Entwerfe die Mind Map im Querformat.* Eine Mind Map entwickelt sich erfahrungsgemäß eher in die Breite als in die Höhe.
- *Schreibe das Thema deines Vortrags in die Mitte* der Tafel, des Plakats, der Folie etc.
- *Zeichne für jeden Hauptgedanken einen Hauptast*. Diese entsprechen z.B. den einzelnen Gliederungspunkten deines Vortrags.
- *Füge weitere Einzelheiten als Nebenäste hinzu.* Hierbei handelt es sich um weiterführende Informationen.
- *Beschrifte deine Mind Map mit Druckbuchstaben.* Diese kann dein Publikum leichter entziffern. Die Hauptäste werden nur mit Großbuchstaben beschrieben.
- *Verwende Schlüsselwörter.* Auch diese können leichter gelesen und verarbeitet werden als ganze Sätze.
- *Verwende für jeden Hauptast eine andere Farbe und füge Symbole hinzu.* So wird die Mind Map noch übersichtlicher.

Hier siehst du ein Beispiel für eine Mind Map zum Vortragsthema „Rauchen“.

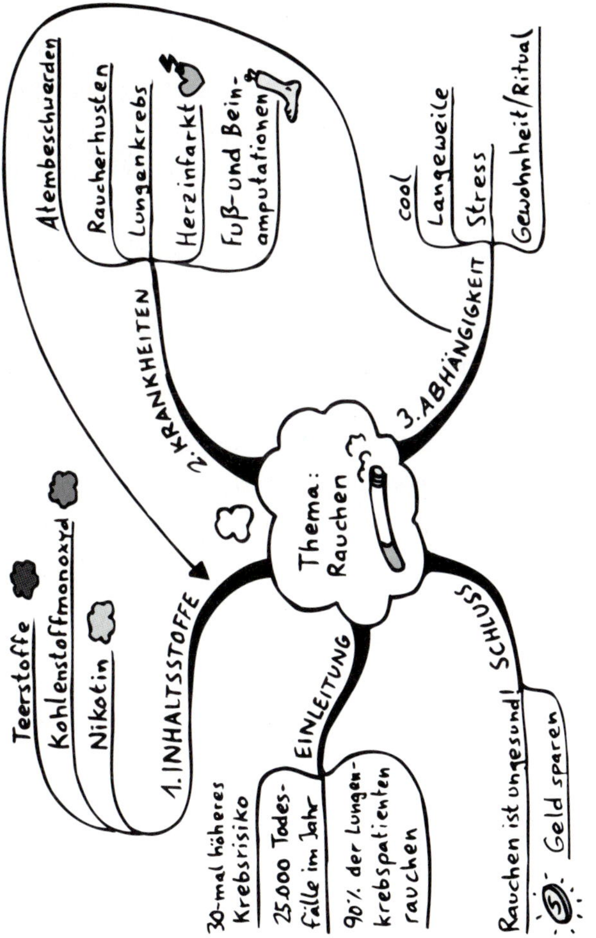

Medien richtig einsetzen

Eine Visualisierungshilfe kann noch so gut sein – wenn du sie während des Vortrags nicht professionell einsetzt, büßt sie ihre Wirkung meist schnell ein. Wenn du Pech hast, erreichst du sogar, dass dein Publikum dir gar nicht mehr zuhört, sondern nur mit den unglücklich präsentierten Plakaten, Folien oder Tafelanschriften beschäftigt ist.

Deshalb beachte beim Einsatz deiner Visualisierungshilfen die folgenden Tipps:

- Mit dem Inhalt deiner Visualisierungshilfen solltest du gut vertraut sein, um Fragen beantworten zu können.
- Schau dir Filme, Dias, Karten etc. vor deinem Vortrag genau an, um sicher zu gehen, dass sie sich auch eignen.
- Überlege dir genau, zu welchem Zeitpunkt du welche Visualisierungshilfe einsetzen willst (zu Beginn als Übersicht, parallel zum Vortrag, indem du „häppchenweise" nach jedem Gliederungspunkt das Gesagte visualisierst, oder zum Schluss als Erinnerungshilfe).
- Auch Mind Maps kannst du auf diese drei verschiedenen Arten einsetzen. Zusätzlich ist es möglich, dass du eine begonnene Mind Map (z. B. nur mit Hauptästen) zu Beginn austeilst und während des Vortrags gemeinsam mit deinem Publikum ergänzt. So hört und schaut dein Publikum dir nicht nur zu, sondern kann auch selbst aktiv werden.

- Falls du während deines Vortrags etwas auf eine Folie, Tafel, Karte etc. notierst, solltest du nicht weiterreden. Nach dem Anschreiben kannst du mit deinem Referat fortfahren.
- Gib deinem Publikum ausreichend Zeit, sich mit dem gewählten Medium zu beschäftigen. Erst wenn alle wieder aufnahmebereit sind, sprichst du weiter.

Zusammenfassung

- ***Bei der Wahl deiner Präsentationsmedien solltest du ähnlich wie bei deiner Sprache darauf achten, dass du möglichst viele Sinne deines Publikums aktivierst.***
- ***Da die visuelle Wahrnehmung für das Verständnis von Informationen am wichtigsten ist, solltest du bei jedem Vortrag Visualisierungshilfen verwenden.***
- ***Wie erfolgreich eine Visualisierungshilfe deine Redeinhalte für das Publikum veranschaulicht, hängt u.a. von der Wahl des richtigen Mediums ab.***
- ***Wichtig ist auch, ob das Plakat, die Folie, das Tafelbild etc. ansprechend und übersichtlich gestaltet ist.***
- ***Darüber hinaus entscheidet der professionelle Einsatz während des Vortrags über die Effektivität des Mediums.***

4. Der perfekte Vortrag

Möchtest du wissen, wo du am besten für deinen Vortrag recherchieren und Materialien sammeln kannst?

Weißt du, was das 5-Punkte-Schema ist?

Willst du eine gute und einfache Konzepttechnik kennen lernen?

Wenn du bis zu diesem Kapitel gelesen hast, dann weißt du bereits, dass zu einem guten Vortrag eine klare, präzise Sprache, eine ausdrucksvolle Körpersprache und gute Präsentationsmedien gehören. Erst so bringst du Leben in deinen Vortrag und beziehst dein Publikum aktiv ein.

Die Basis für jeden „perfekten" Vortrag ist allerdings auch eine gute Informationsrecherche sowie die übersichtliche Strukturierung und Darstellung der Redeinhalte – und genau darum geht es in diesem Kapitel.

Auf den folgenden Seiten erfährst du also,

- wie du zunächst die Ziele deines Vortrags festlegen kannst,
- was du bei der Vorbereitung und Recherche deiner Rede beachten solltest,
- wie du mit dem 5-Punkte-Schema deinen Vortrag übersichtlich strukturieren kannst und
- wie praktisch das Arbeiten mit einer geeigneten Konzepttechnik ist.

Zum Schluss des Buches findest du auf den Seiten 122 bis 124 noch eine Menge hilfreicher Tipps zum Umgang mit Redeängsten und Lampenfieber.

Bevor es losgeht:

Ziele festlegen

Bevor du mit deinen Vorbereitungen loslegst, solltest du dir zunächst über die Ziele deines Vortrags klar werden.

Wer sind meine Adressaten?

Entscheidend ist, für welches Publikum du deinen Vortrag halten willst. Ob z. B. vor deiner Klasse, auf einem Geburtstag bei Freunden, bei deiner Abiturabschlussfeier oder einem Symposium von „Jugend forscht“ – jede Redesituation ist anders und hängt maßgeblich von den jeweiligen Adressaten ab. An ihnen solltest du dich bei der Auswahl deines Themas, der zugehörigen Sachinformationen sowie der Präsentationsmedien orientieren. Da ein Fachvortrag über Photosynthese auf dem 80. Geburtstag deiner Oma schlecht ankommen wird, solltest du dich vorab fragen:

- Wie gut kenne ich mein Publikum – sind es Freunde, Verwandte, Bekannte oder ein Fachpublikum?
- Welche Erwartungen haben meine Adressaten an meinen Vortrag – Unterhaltung, Informationen, Kritik etc.?
- Welches Fachwissen, welche Vorerfahrungen hat mein Publikum bezüglich meines Redethemas?

Übrigens: Auch die Wahl der richtigen Kleidung hängt von deinen Adressaten ab! Am besten bist du so gekleidet wie dein Publikum.

Will ich überzeugen oder informieren?

Auch die Antwort auf diese Frage hat mit den Adressaten deines Vortrags zu tun. Grundsätzlich werden drei verschiedene Redeformen unterschieden:

- *Die Informationsrede* dient der Darstellung und Erläuterung von Sachinhalten und der Weitergabe von Informationen (z. B. Referate, Vorträge, Berichte, Erzählungen).
- *Die Überzeugungsrede* ist die im Alltag vermutlich am häufigsten vorkommende Redeform. Ob in der Schule, im Beruf, im Freundeskreis oder in der Familie – ständig versuchen wir andere von unserer Meinung zu überzeugen oder zu bestimmten Handlungen zu bewegen.
- *Die Gelegenheitsrede* hat einen bestimmten Anlass, wie z. B. eine Taufe, eine Hochzeit, ein Jubiläum oder einen Trauerfall zum Gegenstand. Mit einer eher kurzen Rede soll dieser Anlass gewürdigt werden.

Wann und wo halte ich meinen Vortrag?

Es ist sicher ein Unterschied, ob du in der 2. Stunde in einem großen, hellen und gut gelüfteten Raum dein Referat hältst oder erst in der 8. Stunde im Sprachlabor, das oft weder Fenster noch eine gute Lüftung besitzt. Wenn du nicht selber Zeit und Raum festlegen kannst, dann überlege,

- wie du deinen Vortrag auflockern kannst, z. B. durch einen kurzen Film- oder Musikbeitrag,
- ob Pausen, z. B. zum Lüften, sinnvoll sind und
- welche Medien für den Vortragsraum geeignet sind.

Inforecherche und Materialsammlung

Da wir heute, wie häufig erwähnt wird, in einem Informationszeitalter leben, ist es auch leichter denn je, an die gesuchten Informationen heranzukommen.

Recherchequellen

Bei der Suche nach Informationen können dir z. B. folgende Recherchequellen helfen:

- *Schülerbücherei*: Schau am besten nicht nur in der Bücherei deiner Schule, sondern auch in der Bibliothek der Nachbarschule nach.
- *Stadtbücherei*: Hier findest du neben Büchern, Zeitungen und Zeitschriften auch Hörkassetten, CDs und Videos.
- *Unibibliotheken*: Hier dürfen meist auch Schüler rein. Ausleihen kannst du aber oft nur mit einem Uniausweis.
- *Stadtbildstellen*: Viele Bildstellen haben einen thematisch sortierten (Online-)Bestandskatalog, der dich über die vorhandenen Filme und Videos informiert.
- *Zeitungen und Zeitschriften*: Gerade zu aktuellen Themen findest du in Tageszeitungen und Wochenzeitschriften viele Informationen.
- *Radio und Fernsehen*: Auch hier findest du bei aktuellen Themen täglich neue Informationen.
- Direkt bei *Parteien, Umweltorganisationen, Bürgerinitiativen, Meinungsforschungsinstituten etc.*

Das Internet

Das Internet ist zur Zeit natürlich das Informationsmedium Nummer 1! Per Internet kannst du dich z. B. in den Archiven von Zeitungen, Zeitschriften, TV- und Radio-Sendern umsehen oder direkt über Suchmaschinen zu deinem Thema recherchieren.
Vorsichtig solltest du allerdings sein mit fertigen Referaten, die von anderen Schülern ins Internet gestellt wurden. Solche Referate sind inhaltlich nicht immer richtig, häufig fehlen Quellenangaben und mitunter sind sie von anderen Referaten oder aus Büchern abgeschrieben.
Wenn du dich für die Nutzung des Internets für die Schule interessierst, dann schau dir doch mal das Buch „Internet – fit in 30 Minuten" an.

Auswählen und vorstrukturieren

Damit du in den Informations- und Materialfluten nicht „ertrinkst", solltest du dir zunächst einen guten Überblick über die wichtigen Themenschwerpunkte für dein Referat verschaffen. Dazu suchst du am besten nach einem geeigneten Basisartikel oder sammelst beim Querlesen wichtige Infos, z. B. in einer Mind Map (siehe Seite 104ff.). Nun strukturierst du dein Referat grob vor (siehe Seite 114ff.). Das vorhandene Material brauchst du jetzt nur noch hinsichtlich der einzelnen Themenschwerpunkte durchzuarbeiten. Parallel dazu wählst du geeignete Präsentationsmedien aus, die den jeweiligen Schwerpunkt veranschaulichen.

Der Redeaufbau

Der folgende Redeaufbau – das 5-Punkte-Schema von Hellmut Geißner – ist fast so etwas wie ein Universalschema, denn es ist in vielerlei Hinsicht anwendbar. Du kannst damit z.B. lange und kurze Reden vorbereiten, Informations-, Überzeugungs- und Gelegenheitsreden strukturieren oder Aufsätze und Hausarbeiten planen.
Mehr über die unterschiedlichen Anwendungsmöglichkeiten dieses Schemas findest du in dem Buch „Überzeugen – fit in 30 Minuten“!

Das 5-Punkte-Schema

Im Folgenden findest du eine erläuterte Übersicht und je ein Beispiel für den Aufbau einer Informations- und einer Überzeugungsrede. Beiden Redeformen liegt hier ein ganz einfaches 5-Punkte-Grundschema zugrunde:

1 ***Einleitung***

▼

Hauptteil

▼

2 Erster Themenschwerpunkt/erstes Argument

▼

3 Zweiter Themenschwerpunkt/zweites Argument

▼

4 Dritter Themenschwerpunkt/drittes Argument

▼

5 ***Schluss***

Die Einleitung

In der Einleitung gibst du noch keine wichtigen Informationen oder Argumente weiter. Hier geht es vor allem darum, dein Publikum für den kommenden Vortrag zu interessieren. Und so geht' s:

- *Beginne mit einem „Opener"!* Jeden Vortrag, ob nun informatives Referat oder Meinungsrede, solltest du mit einer kurzen passenden Geschichte, einem Zitat, einer knackigen Statistik, einer interessanten Fragestellung, einer kurzen Filmsequenz etc. beginnen.
  Der Opener ist deshalb so wichtig, weil sich gleich zu Anfang deines Vortrags entscheidet, ob dir dein Publikum gerne und interessiert zuhören wird oder nicht.
- *Bei Informationsreden: Nenne dein Vortragsthema!* Nach einer kurzen Spannungspause formulierst du dein Thema in einem Satz. Dein Themensatz könnte z. B. so beginnen: *„Mein Referatsthema lautet …", „Ich möchte heute sprechen über …", Ich möchte euch/Sie informieren über …"*
- *Bei Überzeugungsreden: Formuliere deine Meinung!* Nach dem Opener formulierst du in einem Satz deine Meinung zu dem gewählten Thema. Beginne deinen Meinungssatz z. B. mit den Worten: *„Ich bin der Meinung, dass …!", „Ich behaupte, dass …!"*
- *Erkläre den persönlichen Bezug!* Hier kannst du erzählen, durch welche persönlichen Erfahrungen oder Interessen du zu deinem Redethema gekommen bist.

Das 5-Punkte-Schema geht zwar von drei Themenschwerpunkten im Hauptteil aus, doch so starr brauchst du dieses Schema nicht zu befolgen.

Der Hauptteil bei Informationsreden

- *Wähle drei bis vier Themenschwerpunkte!* Wählst du weniger als drei Gliederungspunkte, kann das Referat evtl. ein wenig „dünn" wirken. Wählst du mehr als vier Punkte, besteht die Gefahr, dass du das Publikum überforderst und es wichtige Informationen wieder vergisst.
- *Veranschauliche durch Beispiele, Fakten und Präsentationsmedien!* Das solltest du bei jedem Themenschwerpunkt versuchen. Je anschaulicher du erläuterst, umso begeisterter wird dir dein Publikum folgen.
- *Schließe mit dem wichtigsten und interessantesten Punkt!* So hältst du die Spannung bis zum Schluss. Zusätzlich kannst du durch Spannungspausen, „dramatische" Formulierungen und eine entsprechende Körpersprache Spannung erzeugen.

Der Hauptteil bei Überzeugungsreden

- *Nenne drei bis vier Argumente!* Die Anzahl der Argumente entscheidet auch hier, ob du dein Publikum unter- oder überforderst. Wenn dir viel mehr als vier Argumente einfallen, dann wähle die besten für deinen Vortrag aus. Die übrigen Argumente hältst du für die anschließende Diskussion zurück.

- *Bekräftige deine Meinung mit jedem Argument!* Das ist wichtig, denn deinem Publikum soll deine Meinung ständig im Ohr klingen. Allerdings solltest du das nicht zu penetrant tun, so dass deine Zuhörer bald genervt sind. Führe deine Argumentationen immer wieder geschickt auf den eingangs formulierten Meinungssatz zurück und verwende dafür stets neue Formulierungen.
- *Veranschauliche deine Argumente mit Beispielen, Fakten, Erfahrungen und Präsentationsmedien!* Je anschaulicher du deine Argumente darlegst, umso eher wirst du dein Publikum überzeugen können.
- *Nenne das wichtigste Argument zum Schluss!* Eine langsame Steigerung deiner Argumente, zusätzliche Spannungspausen, passende Formulierungen und Körpersprache – und die Aufmerksamkeit ist dir gewiss.

Der Schluss

Ein klar und eindeutig formulierter Schluss rundet deinen Vortrag professionell ab. Beschließen kannst du deinen Vortrag z. B. durch

- eine kurze Zusammenfassung der Themenschwerpunkte oder der eigenen Meinung;
- das Aufzeigen von Lösungsansätzen;
- die Aufforderung, sich deiner Meinung anzuschließen, selbst aktiv zu werden etc.;
- das erneute Aufgreifen des Openers;
- ein ehrlich gemeintes Dankeschön an dein Publikum.

1. Beispiel: Das informierende Referat

1 Einleitung

Opener: Musikbeispiel „Air“ von Bach.

Themensatz: *„Heute referiere ich über das Leben und Werk von Johann Sebastian Bach.“*

Persönlicher Bezug: *„Ich spiele selbst Klavier und bin ein großer Fan von Bach.“*

Hauptteil

2 Biografisches

Veranschaulichung durch Bilder aus seinem Leben (Dias).

3 Das Werk Johann Sebastian Bachs

Veranschaulichung durch Musikbeispiele (Vokalwerke, Orgelwerke, Klavierwerke, Werke für Streich- und Blasinstrumente und Konzerte).

4 Bedeutung der Musik Bachs für Rock und Pop

Exemplarische Veranschaulichung durch Noten- und Musikbeispiele der Gruppe „Söhne Mannheims“.

5 Schluss

Knappe Zusammenfassung der wichtigsten Punkte.

Live am Klavier: Präludium in C aus dem „Wohltemperierten Klavier“.

2. Beispiel: Die Überzeugungs- oder Meinungsrede

1 *Einleitung*

Opener: Luftbildaufnahmen, die das wachsende Verkehrschaos in der Innenstadt in den letzten Jahren dokumentieren.
Meinungssatz: *„Ich vertrete die Meinung, dass unsere Stadt schnellstmöglich eine Umgehungsstraße benötigt."*
Persönlicher Bezug: *„Ich wohne selbst in der Stadt an einer der Hauptverkehrsstraßen und kenne die Probleme."*

Hauptteil

2 Gesundheitliche Gefährdung

Begründung durch Statistik über Entwicklung der Abgaswerte in den letzten Jahren, Erläuterung von Krankheitsbildern.

3 Zeitverlust durch unnötige Staus

Beispiele aus eigener Erfahrung, zu wenig öffentliche Verkehrsmittel, um auf das Auto verzichten zu können etc.

4 Attraktivitätsverlust der Stadt

Beispiele von Familien und jungen Menschen, die gehäuft aus der Stadt wegziehen, Tourismuszahlen sind rückläufig.

5 *Schluss*

Lösungsvorschlag: Bau einer Umgehungsstraße und Verbesserung des öffentlichen Verkehrsnetzes.

Die Karteikartentechnik

Es gibt nur wenige Redner, die völlig frei sprechen. Die meisten verwenden ein Manuskript mit Stichwort-Notizen. Am besten geeignet sind Karteikarten. Sie sind flexibler zu handhaben und übersichtlicher in der Gestaltung als ein großer beschriebener Zettel und werden deshalb z. B. auch von Talkmastern in ihren Shows verwendet.

Warum Stichwörter?

Wenn du dein Publikum überzeugen und den Eindruck vermitteln willst, dass du dir deiner Sache sicher bist, dann solltest du deinen Vortrag frei mit Hilfe von Stichwörtern formulieren. Zudem können spontane Formulierungen von deinen Zuhörern viel leichter verstanden werden als eine abgelesene Rede. Außerdem ist ein Stichwort-Manuskript nicht so starr wie eine ausformulierte Rede. So kannst du flexibler auf Zwischenfragen reagieren oder deine Redezeit leichter verlängern oder verkürzen.

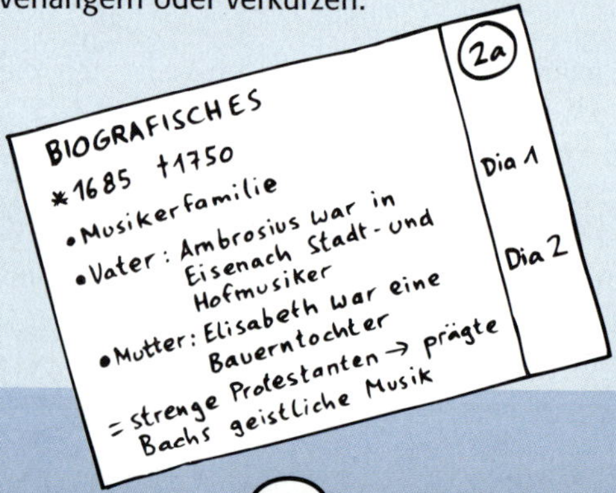

Die Beschriftung der Karteikarten

Verwende z. B. linierte DIN-A6-Karten und achte bei der Gestaltung auf Folgendes:

- Beschrifte nur einseitig und schreibe groß und deutlich.
- Nummeriere die Karten fortlaufend.
- Hebe Hauptpunkte oder Wichtiges mit Farben hervor.
- Formuliere nur einen Hauptgedanken pro Karteikarte.
- Zusätzlich kannst du auf den Karten Zeichen für (Rede-) Pausen oder Regieanweisungen vermerken.

Zusammenfassung

- **Eine klare und ansprechende Strukturierung deiner Redeinhalte ist für das Verständnis des Vortrags wichtig.**
- **Deshalb solltest du dich zunächst fragen, welche Adressaten und welche Ziele du mit deinem Vortrag erreichen willst.**
- **Zahlreiche Recherchequellen, z. B. das Internet, stehen dir heute zur Verfügung.**
- **Damit du in den Materialfluten nicht die Übersicht verlierst, solltest du dir vorab einen Überblick über mögliche Redeinhalte verschaffen und deinen Vortrag vorstrukturieren.**
- **Als „Universalschema“ für die Strukturierung von Vorträgen bietet sich das 5-Punkte-Schema an.**
- **Karteikarten mit Stichwort-Notizen als Redemanuskript verleihen dir die nötige Sicherheit und Flexibilität.**

10 Tipps gegen Angst und Lampenfieber

Tipp 1: Bereite deinen Vortrag gut vor!

Eine gute inhaltliche Vorbereitung ist die Voraussetzung für einen sicheren und stressfreien Vortrag. Je besser du dein Thema beherrschst und je vertrauter dir der Umgang mit den gewählten Präsentationsmedien ist, desto sicherer fühlst du dich auch während des Vortrags.

Tipp 2: Mache eine Generalprobe!

Bei einer Generalprobe kannst du auf Dinge aufmerksam werden, die du beim Nachdenken und Schreiben nicht berücksichtigt hast. Jetzt hast du noch die Gelegenheit, an deinem Vortrag zu feilen. Gut ist es auch, wenn du deinen Vortrag einem neutralen Zuhörer vorträgst. Lass dir von ihm vor allem Tipps zum verständlichen und interessanten Referieren geben. Alternativ kannst du deinen Vortrag auch auf Video oder Kassette aufzeichnen und dich anschließend selbst überprüfen.

Tipp 3: Lerne die ersten und die letzten Sätze deines Vortrags auswendig!

Ein sicherer Beginn des Vortrags nimmt dir eine Menge Anspannung. Ein gelungener Schluss-Satz hingegen rundet deinen Vortrag professionell ab. Formuliere dir deshalb einen guten ersten und letzten Satz und lerne sie auswendig.

Tipp 4: Stehe ruhig und sicher!

Dein Körper und Geist bilden eine zusammengehörige Einheit. Je mehr deine Haltung Sicherheit ausdrückt, umso stabiler fühlst du dich auch. Stehe deshalb mit beiden Füßen fest auf dem Boden und wippe nicht nervös herum.

Tipp 5: Vermeide unnötige Anzeichen von Nervosität!

Neben unruhigen Körperbewegungen können auch das Spielen mit Stiften, ständiges Kratzen am Kopf, häufiges Zurechtrücken der Brille, Gebrauch von Füllsilben wie hmm, ähm, tja etc. deinem Publikum Nervosität signalisieren. Mache dir solche „Ticks" vor deinem Vortrag immer wieder bewusst – z. B. durch 50-mal „Ähm-sagen" –, dann werden sie nicht mehr so häufig auftreten.

Tipp 6: Atme regelmäßig und tief durch!

Regelmäßiges und tiefes Atmen fördert die Sauerstoffzufuhr zum Gehirn und senkt die Pulsfrequenz. So kannst du wieder ruhig denken und reden.

Tipp 7: Nehme unangenehme Körpergefühle bewusst wahr!

Nervöse Bauchschmerzen, Kopfschmerzen, Übelkeit, Schwitzen, Zittern, Harn- oder Stuhldrang etc. solltest du nicht verdrängen, denn sonst wird es nur schlimmer. Nimm die unangenehmen Gefühle bewusst war, dann gehen sie nach einiger Zeit von selbst wieder weg.

Tipp 8: Suche den Blickkontakt zu einem dir positiv gesinnten Zuhörer!

Für einen Redner ist es wichtig, dass er während des Vortrags positive Rückmeldungen bekommt. Deshalb solltest du dir einen Zuhörer auswählen, der dir z. B. durch Zunicken oder Lächeln positive Signale sendet.

Tipp 9: Gehe positiv gestimmt in den Vortrag!

Dein Publikum merkt vom ersten Augenblick an, ob du mit einer positiven oder negativen Einstellung in deinen Vortrag gehst. Wirkst du genervt oder muffelig, haben deine Zuhörer auch keine Lust auf deinen Vortrag. Sag dir deshalb: *„Ich bin gut drauf, ich gebe mein Bestes, mein Publikum hört mir gerne zu“*, dann wird es auch genau so sein.

Tipp 10: Rede so oft du kannst vor einem Publikum und lerne aus Fehlern!

Das ist das „Geheimnis“ aller guten Redner: Sie nutzen jede Gelegenheit sicherer zu werden und sich zu verbessern.

Empfehlenswerte Bücher

Berthold, Siegwart:
Reden lernen. Übungen für die Sekundarstufe I und II
Frankfurt am Main: Cornelsen Scriptor 1993

Gora, Stephan:
Grundkurs Rhetorik. Eine Hinführung zum freien Sprechen
(Arbeitsmaterialien Deutsch)
Stuttgart: Ernst Klett Verlag 1998

Kliebisch, Udo & Rauh, Gregor:
Keine Angst vor Referaten. Ein Lern- und Trainingsbuch
Mühlheim a.d. Ruhr: Verlag an der Ruhr 1996

Knobloch, Jörg:
Referate halten lernen
Lichtenau: AOL Verlag 2000

Mentzel, Wolfgang:
Rhetorik. Frei und überzeugend sprechen
Planegg: Haufe Verlagsgruppe 2000

Konnertz, Dirk & Sauer, Christiane:
Überzeugen – fit in 30 Minuten
Offenbach: GABAL Verlag 2001

Sauer, Sebastian:
Internet – fit in 30 Minuten
Offenbach: GABAL Verlag 2001

Stichwortregister